José Dirceu

Tempos de Planície

José Dirceu

Tempos de Planície

Copyright © 2011 José Dirceu

Publishers: Joana Monteleone/ Haroldo Ceravolo Sereza/ Roberto Cosso
Edição: Joana Monteleone
Editor assistente: Vitor Rodrigo Donofrio Arruda
Assistente editorial: Patrícia Jatobá U. de Oliveira
Assistente de produção: João Paulo Putini
Revisão: Íris Morais Araújo
Projeto gráfico e diagramação: Patrícia Jatobá U. de Oliveira
Imagem da capa: Rossana Lana
Capa: Luíz Fernando Galante (Entrelinhas Comunicação)
Organização: Camilo Toscano (Entrelinhas Comunicação)

CIP-BRASIL. CATALOGAÇÃO-NA-FONTE
SINDICATO NACIONAL DOS EDITORES DE LIVROS, RJ

D634d

Dirceu, José, 1946-
TEMPOS DE PLANÍCIE
José Dirceu
São Paulo: Alameda, 2011.
382p.

ISBN 978-85-7939-078-4

1. Brasil – Política e governo. 2. Governo representativo e representação.
3. Ciência política. I. Título.

11-1104.   CDD: 320.981
                CDU: 32(81)

024808

ALAMEDA CASA EDITORIAL
Rua Conselheiro Ramalho, 694 – Bela Vista
CEP 01325-000 – São Paulo – SP
Tel. (11) 3012-2400
www.alamedaeditorial.com.br

Sumário

Introdução   9

Capítulo 1 – Reforma política   17

Sem reforma política, não há saída   19

Um novo Senado?   23

Fidelidade partidária?   27

Capítulo 2 – O cotidiano da política   31

Golpismo e governabilidade   33

Esquerda volver   37

Fatos e fotos   41

Porque as alianças são necessárias   45

Alternativa verde?   51

Previsões futebolísticas e realidade eleitoral   55

"Onde mora o diabo na política brasileira"   59

Um convite à comparação   63

Esquerda e direita   69

Por um debate elevado   73

Compromisso histórico com a democracia   77

Compromisso com a democracia   81

Por um país livre e sem ódio   85

A eleição de Dilma Rousseff   89

Haverá um "novo" PSDB?   95

Capítulo 3 – Políticas sociais, Estado e gestão pública   99

Uma nova lei orçamentária   101

Um roteiro de políticas e medidas contra o crime organizado   105

Prioridade para a juventude 109

Regulação e protagonismo 113

A hora das Forças Armadas 117

O bom exemplo 121

O controle social do Sistema S 125

Até quando? 129

Educação e juventude: ainda há sonhos a serem conquistados 133

O compromisso brasileiro com o clima 137

Respeito aos educadores 141

O papel do BNDES 145

O Nordeste que empurra o Brasil 149

Mudanças climáticas e o jogo de poder 157

Capítulo 4 – Comunicação e mídia 161

TV pública e cidadania 163

Pela liberdade na rede 167

Prioridade para o PL 29 171

Banda larga na agenda nacional 175

É preciso avançar na regulação 179

Democracia e regulação de mídia 183

Capítulo 5 – Políticas econômicas 205

A pauta do desenvolvimento 207

O dólar furado 211

Nosso fantasma é outro 215

Grau de investimento, superávit e Fundo Soberano 219

O Brasil e a crise 223

A receita tucana para a crise 227

A complexa redução do spread e dos juros 231

Quando a cegueira é ideológica 235

É preciso barrar o capital especulativo 239

O teatro dos juros altos 243

Incentivos às exportações	247
Os empregos que o governo Lula criou	251
Davos e Porto Alegre	255
Bases do desenvolvimento	259
2009 acabou?	263
Compromisso com a reforma tributária	267
Política industrial	271
A nova agenda econômica	275
A queda de um dogma	279

Capítulo 6 – Infraestrutura — 283

Apagão aéreo ou apagão de uma era?	285
Seminário sobre o pré-sal no Recife	289
A questão aeroportuária	295
A nova Petrobras	299
PAC 2: para diminuir as desigualdades regionais	303
Desenvolvimento planejado	307

Capítulo 7 – O Brasil e o mundo — 311

A nova realidade das Américas	313
Dois caminhos, duas estratégias	317
A tendência da AL	321
Venezuela, seja bem-vinda ao Mercosul!	325
Distorções inaceitáveis	329

Capítulo 8 – Movimentos históricos — 333

Para onde vamos?	335
O legado de 68	339
Discurso proferido no Fórum de Política Global	343
O papel da esquerda 20 anos após a Queda do Muro	355
PT e PSDB: Por que as divergências são inconciliáveis?	359

Introdução

Guardo vivos em minha memória os dias finais de 2005. Em junho daquele ano, fui jogado no epicentro de virulentos ataques da maior campanha política e midiática já construída contra o Partido dos Trabalhadores e o governo do presidente Luiz Inácio Lula da Silva. Essa escalada, com o intuito de retirar nosso partido do governo federal, afastou-me do Executivo, onde exerci por dois anos e meio a função de ministro-chefe da Casa Civil. Também levou à cassação do mandato de deputado federal conferido a mim por mais de 550 mil cidadãos paulistas. Em novembro, às vésperas da sessão do Conselho de Ética da Câmara dos Deputados, passei por um dos momentos mais decisivos de minha vida: uma encruzilhada em que ambos os caminhos decidiriam não apenas o meu futuro, mas lançariam novas luzes sobre meu passado. Entre amigos, fossem companheiros de Partido dos Trabalhadores ou de fora dele, muitos me aconselhavam a renunciar ao mandato – assim, teria preservado as condições legais para pleitear uma nova eleição como deputado federal.

Mas essa me pareceu uma hipótese inaceitável. Não critico os que procederam dessa forma. Tinha eu, porém, a obrigação histórica de defender o partido e minha biografia a qualquer custo. A ofensiva dos setores conservadores, além de visar o afastamento de quadros partidários e governamentais relevantes, tinha o claro intuito de derrubar o governo Lula ou impedir sua reeleição em 2006. Os vícios inerentes ao sistema político e eleitoral (os quais nunca nos furtamos de criticar, inclusive por meio da defesa intransigente da reforma política) se transformaram na artilharia da oposição partidária e midiática, ofuscando a discussão que realmente importa para o Brasil: um novo paradigma de desenvolvimento e o embate entre diferentes projetos de país. De repente, simplesmente foi escamoteada do debate a construção das propostas pelas quais os governos do PT em todas as esferas administrativas trabalharam duro nos últimos 30 anos, processo do qual me orgulho de ter participado, e que permitiu as mudanças que vimos no Brasil na última década.

Não estamos falando de pouca coisa. As raízes desse ideal estão no encontro do PT em 1987, quando uma nova compreensão do papel do partido passou a vicejar. Após debates intensos, com a participação das mais diversas correntes de pensamento, chegamos ao entendimento de que a concepção fundadora do partido – a de que somente se conseguiria mudar o país através de uma difusa rebelião popular – deveria evoluir para um novo paradigma político: as transformações estruturais deveriam ser concebidas dentro de uma estratégia que combinasse lutas sociais, conquistas eleitorais e construção de novos modelos para a gestão pública.

Esse novo prisma levou à formação da Frente Brasil Popular, composta pelo PT, o Partido Socialista Brasileiro e o Partido Comunista do Brasil, que, na primeira eleição presidencial pós-redemocratização, em 1989, esteve muito próxima de levar o companheiro Lula ao cargo máximo da República. Na ocasião, as lideranças conservadoras, aliadas aos poderosos grupos de mídia e apoiadas na disseminação do preconceito e no medo da mudança, conseguiram evitar nossa vitória nos derradeiros momentos da eleição. As mesmas forças que operaram em perfeita sintonia e grande intensidade em 2005, com o objetivo de desestabilizar e fustigar a primeira alternativa de governo popular para o país em 50 anos.

Os anos 1990 marcaram um cenário político nacional contaminado pelo predomínio dos ditames neoliberais na condução dos nossos destinos. Cabia ao Partido dos Trabalhadores aprimorar seu projeto alternativo e apresentá-lo à nação, com as cores adequadas às novas realidades políticas nacionais e internacionais, mas sem abandono de sua força motriz. O processo de dilapidação do patrimônio público que representou o Programa Nacional de Desestatização, nome pomposo e finório para a venda de empresas estatais que demoraram décadas para ganhar importância, exigiu de nossa parte uma resposta vigorosa. Identificar o Estado como primeiro e último reduto da sociedade na defesa de seus interesses coletivos passou a ser heresia num período histórico em que o governo federal abraçava o ideário insensato do Consenso de Washington. Voz dissonante nesse oceano de defesa do Estado mínimo, o Partido dos Trabalhadores alertava para o maremoto que viria das perigosas práticas de "todo poder ao mercado". A resistência às privatizações consolidou no país um movimento de grande força, liderado pelo PT, pela CUT (Central Única dos Trabalhadores) e pelo MST (Movimento dos Trabalhadores Rurais Sem Terra), em defesa do povo brasileiro. Uma mobilização de tamanha força e consistência que reuniu UNE (União Nacional dos Estudantes), CONTAG (Confederação Nacional dos Trabalhadores na Agricultura), PSB (Partido Socialista Brasileiro), PDT (Partido Democrático Trabalhista) e PCdoB (Partido Comunista do Brasil). Conseguimos impedir os esforços do governo para privatizar a Petrobras, estatal de potencial gigantesco e caráter estratégico para o Brasil.

O projeto alternativo que o PT consolidou e ofereceu à nação descortinou, assim, um duplo eixo de acumulação

Tempos de Planície

para a vitória eleitoral de 2002. Primeiro, o embate contra um projeto que subordinava a economia do país aos interesses do capital financeiro, apresentando como alternativa um programa marcado pela retomada do desenvolvimento, a recuperação do Estado como agente regulador e dirigente, a criação de um mercado interno de massas, a implantação de políticas distributivistas e a adoção de uma política internacional soberana, voltada à integração regional da América Latina. Segundo, a consolidação de alianças que pudessem expressar o amplo leque de setores sociais, dos trabalhadores a segmentos do empresariado, que se contrapunham ao modelo neoliberal, ainda que por distintos interesses.

Essa política aliancista foi personificada na figura do vice-presidente José Alencar. Ainda naquela época, quando já estava claro que o então senador por Minas Gerais era o parceiro ideal para Lula (um empresário nacionalista e desenvolvimentista), houve resistência no partido; uma reação sintomática do fato de que o PT seguiu modernizando-se ao longo dos anos, para fugir da ortodoxia ideológica de parte da esquerda sem perder de vista seus objetivos estratégicos. E, de fato, a construção de um Brasil mais justo, marcado por diretrizes de governo que articulassem desenvolvimento econômico com distribuição de renda, só se mostrou factível quando nos unimos a forças que permitiram a chegada de nossa mensagem a uma parcela mais ampla da população brasileira.

É claro que, no governo, a realização do projeto vitorioso nas urnas passou a ser objeto de constante tensão dentro da coalizão constituída com correntes de centro, em uma disputa pela hegemonia das ideias e visões de esquerda – um processo rico e democrático, que contribuiu muito para o amadurecimento político do país. Trata-se, afinal, de um debate inevitável, dado o caráter socialista do PT e seu compromisso histórico com um projeto coletivo de nação. A cada etapa superada nessa "queda-de-braço", o país percebia, mais e mais, que o resultado era positivo em todos os aspectos: político, econômico, social e cultural.

O Brasil que ajudamos a forjar tem um Estado forte e confiável, que induz o desenvolvimento e incentiva a participação popular pela defesa dos direitos coletivos. O que é visível no otimismo das ruas, no sorriso do povo que recuperou a autoestima: o país caminha para ocupar uma justa posição de destaque em um mundo multipolarizado —exemplo de democracia estável, com economia robusta e onde se pratica, diariamente, a inclusão social. Fruto dos obstáculos que o Partido dos Trabalhadores e seus aliados superaram à frente do governo, combatendo uma a uma as chagas da estagnação, do desemprego, da inflação, da pobreza, da fome, da desigualdade entre Norte e Sul, das dívidas internacionais, entre tantos outros desafios que encaramos com coragem e confiança.

Posto isso, retorno ao ponto em que comecei esta narrativa. A responsabilidade da militância petista e, portanto, também minha, sobre essa história não permitiu que eu contemplasse outro caminho que não o de enfrentar a rede de mentiras que se que se instaurava contra o meu partido e tudo o que ele representa. Somente essa escolha seria coerente com minha trajetória política e o legado histórico que é meu dever representar. Tomei a decisão de me manter na luta e não renunciar ao meu mandato parlamentar mesmo depois de já ter certeza de que o caráter ideológico e, de certa forma, até passional do processo contra mim só terminaria com a cassação. Sem dúvidas, tal decisão trouxe consequências negativas que carrego até hoje. Mas fui alimentado pela convicção de que recuar significaria prejudicar um projeto pelo qual lutaram e deram sua vida inúmeros brasileiros.

Os artigos reunidos nessa coletânea representam parte do que têm sido minhas atividades e reflexões desde que saí do governo e tive cassado meu mandato parlamentar. Um de meus desafios, perante gerações presentes e futuras, é demonstrar que um militante não precisa de cargos e postos para travar o bom combate.

Optei, afinal, por continuar a fazer o que sempre fiz. Seguir na batalha por um Brasil desenvolvido e sustentável; por um país cujos governos sejam permanente expressão da vontade popular, em que não exista a lógica do domínio e da opressão dos mais pobres pelos mais ricos; pela refundação do socialismo como grande paradigma da humanidade. Essa é a razão de ser do Partido dos Trabalhadores. E que significa, sobretudo, uma negativa contundente à ideia de abandonar a trincheira e calar quando a mentira ou o medo tentam vencer a esperança de um futuro melhor, sonho que sonhamos todos juntos para fazê-lo realidade.

José Dirceu de Oliveira e Silva

Capítulo 1

Reforma política

Sem reforma política, não há saída

Jornal do Brasil, 26 de abril de 2007

Historicamente, o PT sempre foi contra a reeleição. Quando a proposta foi à votação, perdemos. Agora, os que apoiaram a mudança das regras, há apenas dez anos, querem recolocar a discussão. Mudar regras eleitorais e de governabilidade com frequência, em função não de princípios, mas de interesses conjunturais, não contribui para o fortalecimento das instituições. Portanto, voltar ao debate, agora, é puro casuísmo.

Essa não é a questão central a ser enfrentada pelo Congresso Nacional. O desafio que está colocado para o Parlamento, e do qual ele não pode fugir, sob pena de o país vir a viver uma grave crise institucional no curto prazo, é a reforma política, que tem que ter como eixos a fidelidade partidária, o financiamento público de campanha e o voto em lista. Essas medidas atacam o principal problema político-eleitoral do país: o abuso do poder econômico, o caixa dois (reduzido, mas não eliminado pelas medidas adotadas pelo TSE) e a fragilidade partidária.

O financiamento público é o principal mecanismo para acabar com as campanhas eleitorais caras, financiadas, em boa parte, por grandes e médias empresas que, depois, cobram dos eleitos, segundo percepção generalizada, a defesa de seus interesses. Boa parte das contribuições para as campanhas é feita ilegalmente, por meio do caixa dois. Mas o financiamento público só é viável, em termos dos recursos que serão demandados dos cofres públicos, se a eleição deixar de ser uninominal (o eleitor vota em um candidato ou candidata, que tem de fazer sua campanha individual), e adotar o voto em lista, ou seja, na legenda.

Muitos têm se colocado contra o voto em lista, insistindo que representará o fortalecimento dos caciques dentro dos partidos, pois interferirão na colocação dos nomes da lista. Mas há mecanismos que permitem democratizar a elaboração das listas e que dão ao eleitor, no caso da lista aberta, o poder de alterar a colocação de seu candidato.

O voto em lista também fortalece partidos e programas, ao contrário do voto uninominal, que encarece as campanhas e favorece a tese de que o parlamentar só tem que prestar contas aos que votaram nele. Ter partidos fortes é indispensável para consolidar a democracia. A votação em listas partidárias e a exigência de fidelidade dos eleitos darão novo nível de representatividade ao Congresso.

Outras questões podem ser discutidas mais à frente, mas as enumeradas acima são urgentes. Se não forem feitas, dificilmente vamos reverter o quadro desolador revelado por pesquisa recente do Datafolha sobre a avaliação que as pessoas fazem do Congresso Nacional. De dezembro de 2006 até hoje, o índice de aprovação caiu de 43% para 16%, e o de reprovação saltou de 14% para 30%. A imagem do Congresso piorou muito desde dezembro, e não se pode culpar episódios anteriores, como denúncias de caixa dois envolvendo parlamentares e o governo. O desprestígio aumentou este ano.

Várias hipóteses podem explicar essa queda. Uma delas é o destaque que a mídia dá às notícias negativas envolvendo o Parlamento, ao lado de uma pequena valorização do trabalho dos parlamentares nas comissões e no plenário. Mas, se há amplificação, é porque mazelas existem. Entre elas a falta de transparência na remuneração dos parlamentares. Além de salário, recebem ajuda de custo e outras verbas, o que torna difícil a fiscalização por parte da sociedade. É preciso construir um novo modelo, em que toda a remuneração seja incorporada no salário, equiparado aos dos ministros do Supremo Tribunal Federal. Com isso, haverá transparência e acabará o espaço para medidas que aumentam artificialmente a remuneração dos parlamentares.

Mas a maior parte dos desvios, temos de reconhecer, é consequência de um sistema eleitoral distorcido. Se ele não for corrigido, de imediato, o que estará em jogo não é a reputação e a votação de cada um dos parlamentares, mas a preservação de uma instituição fundamental para a governabilidade, e de um poder essencial para a democracia.

Um novo Senado?

Blog do Noblat, 3 de junho de 2009

A crise vivida pelo Senado da República é uma oportunidade para se debater e esclarecer à sociedade o seu papel e suas funções e, mais do que isso, sua necessária reforma, que traga uma ampla revisão do seu papel.

Se a Câmara dos Deputados tivesse aprovado em primeiro lugar a reforma político-institucional, esta obrigatoriamente retornaria ao Senado, que aí teria o dever constitucional de discutir sua própria reforma com pontos como o fim dos suplentes, a redução do tamanho do mandato e do número de senadores por Estado. O ideal, por exemplo, é que voltasse a ter dois por unidade da federação e não três como hoje.

Mas, o fato é que o Senado aprovou primeiro a reforma, a que dizia respeito aos deputados e não a que lhe diz respeito. Legislou sobre a fidelidade partidária, o financiamento público de campanha, o voto em lista, a entrada em vigor da cláusula de barreira, e o fim das coligações proporcionais, alterações que agora estão para ser votadas na Câmara dos Deputados.

Surpreende que assim tenha procedido, postergando sua própria reforma, mesmo após ter vivido outras crises, como as da violação do painel e a destituição de dois presidentes: os senadores Jáder Barbalho, do PMDB do Pará e Antônio Carlos Magalhães, do DEM da Bahia – este, então, o todo-poderoso chefe da oposição.

Muitos estudiosos e articulistas têm classificado a Casa como uma câmara alta revisora e conservadora, mas o Senado brasileiro é muito mais do que um poder moderador. Ele é um contrapeso às reformas e mudanças. Sua natureza não é democrática – ou melhor, ele desequilibra os mecanismos de contrapesos necessários na democracia representativa, particularmente no presidencialismo.

Hoje os parlamentares com assento no nosso Senado são eleitos majoritariamente por oito anos, com suplentes (que não recebem um único voto) indicados pelo próprio senador titular do mandato, ou pelo partido aliado à sua legenda. São eleitos três por Estado, com poderes superiores aos da Câmara dos Deputados. Esta é que representa a nação e é eleita proporcionalmente, apesar da distorção provocada pela legislação ao estabelecer um mínimo de oito deputados e o máximo de setenta por unidade federada, o que faz

Tempos de Planície

com que catorze Estados com menos de 25% do eleitorado tenham a maioria na Casa.

A atual crise exige uma ampla reforma administrativa no Senado; é a oportunidade, repito, de o país discutir, e muito, o papel da Casa. Eu não defenderia a sua extinção, já que um país tão desigual, plural e diverso como o Brasil, com grande tradição federativa e desequilíbrios regionais gravíssimos, exige a existência de um Senado para representar a Federação. Representá-la e defender os Estados menores e/ou mais pobres, para não apenas manter o equilíbrio federativo mas, também, ser um instrumento de autodefesa contra as maiorias que se formam na Câmara dos Deputados.

Passa por aí o novo papel do nosso Senado, e não o de ser uma câmara alta revisora com poderes inclusive de iniciativa em matérias básicas e superpoderes. Alguns, reconheçamos, até próprios da instituição federativa, como autorizar os empréstimos dos Estados. Mas outros, como a aprovação da indicação dos ministros dos tribunais superiores, embaixadores, diretores das agências reguladoras, julgamento do presidente da República e de ministros do Supremo Tribunal Federal (STF), somados à sua função de câmara alta revisora, dão ao Senado um papel que diminui o da Câmara dos Deputados, esta representante da nação brasileira e da soberania popular.

José Dirceu

Assim não basta uma reforma administrativa no Senado e nem a imposição de regras para o uso de seus recursos orçamentários, a contratação de funcionários e a realização de licitações. É preciso rever seu papel e fazer sua própria autorreforma política. Não se pode esquecer que todo esse poder, sem a reforma política, sem financiamento público de campanhas e sem a fidelidade partidária, leva à atual situação na qual os senadores se consideram acima dos poderes constitucionais e isentos de prestar contas à cidadania a não ser a cada oito anos.

É preciso lembrar ainda o fato de que além de todo o poder de que dispõem, os senadores contam com a utilização da máquina da Casa, o uso e abuso do poder econômico dos suplentes – que hoje constituem 1/3 em exercício no Senado e que, em muitos casos, financiam suas campanhas e depois assumem o mandato – e o controle que exercem sobre grupos de comunicação em seus Estados que, na maioria do casos, já governaram.

Assim como está hoje definido na Constituição e no ordenamento político do país, o Senado se transformou de fato numa fortaleza não só da oposição mas do conservadorismo e do poder oligárquico. É hora de mudar. Esta é a hora da reforma.

Fidelidade partidária?

Blog do Noblat, 04 de setembro de 2009

Quando era presidente do PT, várias vezes fui fazer consultas ao TSE (Tribunal Superior Eleitoral) para exigir fidelidade partidária de deputados que deixavam o PT. Sempre ouvi uma resposta direta e conclusiva: na Constituição não há referência à perda de mandato por infidelidade partidária, em seu artigo 55, que enumera as causas da perda do mandato.

O TSE instituiu a fidelidade partidária ao decidir, em março de 2007, que o mandato pertence ao partido e, portanto, um político poderia perdê-lo caso mudasse de legenda. Em outubro daquele ano, o STF (Supremo Tribunal Federal) ratificou a decisão e ordenou que o TSE definisse as regras para a cassação. O tribunal, então, editou resolução em que o político não perderia seu mandato em casos de fusão de legendas, saída para a fundação de uma nova sigla, mudança do programa partidário ou discriminação sofrida pelo partido.

José Dirceu

Aparentemente, havia sido feito um bem para o país, ainda que por meios tortos, pois estava, na prática, legislando da mesma forma que já vinha fazendo durante as eleições em vários aspectos. O comportamento levou o Congresso Nacional a aprovar uma nova legislação eleitoral para impedir que os ministros do TSE continuassem a usurpar seu poder exclusivo de legislar, segundo nossa Constituição.

Quando o TSE instituiu a fidelidade partidária, condenou a mudança de partido de políticos da oposição para os partidos da base do governo e tomou posição claramente crítica ao governo do presidente Lula. A ponto de o ministro Arnaldo Versiani ter afirmado, ao votar contra o pedido não aceito do PT para manter o mandato do deputado Paulo Rubens, que se filiara ao PDT mesmo tendo sido eleito há pouco tempo pelo PT, que "a postura ideológica e a política desempenhada pelo PT terminaram por sofrer modificações a partir de 2003, com a ascensão ao governo federal".

A manifestação da Corte mostrou-se completamente contraditória às razões do mesmo tribunal, quando instituiu a fidelidade partidária numa evidente demonstração de julgamento político. Não caberia ao TSE decidir se um partido mudou ou não de programa ou ideologia, ou mesmo de "política", pois é da natureza dos partidos, principalmente de um partido que toma decisões democraticamente como o

PT, mudar sem abrir mão de sua ideologia ou programa. Ou seja, a alteração não implica necessariamente em mudança da natureza do partido.

Não há nada que justifique a mudança de partido, a não ser o desejo de ir para a oposição. Isso é nítido em casos como o do deputado Paulo Rubens, que traiu o voto do eleitor que o elegera.

Fiquei estupefato com tal reviravolta sem maiores explicações nas decisões recentes do TSE, autorizando deputados e senadores a mudar de partido. Em dezessete casos analisados, só um perdeu o mandato. Sem pudores, a Corte aplicou "a fidelidade para inglês ver", mas no passado recente impediu a mudança de parlamentares do PSDB e DEM para partidos da base do governo, prática quase que diária no governo FHC, sob o pretexto de infidelidade com apoio de toda a mídia, que os chamava de "infiéis" e clamava por suas cassações via TSE.

Agora salta à vista a decisão política do TSE, confirmada pela leniência e cumplicidade com a infidelidade partidária, o que comprova o casuísmo nos julgamentos do tribunal e a necessidade urgente de uma mudança legal via Congresso Nacional.

Aliás, diga-se, errou o Congresso ao não instituir a fidelidade partidária via emenda constitucional. Errou também,

José Dirceu

de boa ou ma fé, o TSE ao instituir uma fidelidade "faz de conta" e, pior, ao ser transformar em um tribunal político que julga o caráter dos programas partidários. O tribunal tem atuado como uma espécie de comissão de controle existente em partidos comunistas e que julgava a filiação ou o mandato de seus membros.

A solução é simples: eleito por um partido, o cidadão só poderá deixá-lo no final do mandato; se deixá-lo, fica sem mandato e só pode se candidatar na próxima eleição. É uma quarentena de dois anos, já que temos eleições a cada dois anos. Dessa forma, o julgamento fica nas mãos do eleitor, e o político terá de pagar um preço por deixar seu partido. É o mínimo, se quisermos realmente instituir a fidelidade partidária e não apenas fazer oposição a esse ou aquele governo, ou agir como tribunal político.

Capítulo 2

O cotidiano da política

Golpismo e governabilidade

Jornal do Brasil, 14 de setembro de 2006

Nas últimas semanas, vozes importantes da oposição têm ameaçado o país – esse é o termo correto – com uma grave crise institucional, caso Lula vença as eleições presidenciais e se reeleja. Volta o discurso sobre o risco do chavismo e do populismo, como chantagem derradeira para evitar a reeleição já no primeiro turno.

Estamos na rota do tudo ou nada. Há que se descontar a dose de nervosismo eleitoreiro em toda essa discussão. Mesmo assim, os decibéis de palanque não disfarçam uma surda disposição para tentar deslegitimar a vitória do PT e de Lula. A "carta-bomba" do ex-presidente FHC e a entrevista do seu ex-ministro da Cultura, Francisco Weffort, no jornal *Folha de S.Paulo*, são os mais recentes indícios dessa exasperação que toma conta dos bastidores do conservadorismo nativo. O argumento mais comum é que Lula está se reelegendo, exclusivamente, por conta do Bolsa Família e que o povo não sabe votar. Os mais exasperados insinuam até que se trata de compra de voto no atacado, passível de configurar crime eleitoral. Rompido o respeito à vontade popular, não devemos nos surpreender com mais nada.

A oposição assume, cada vez mais, o papel de herdeira do udenismo, que desconfia do povo, não acredita no país e lida mal com as urnas. Seus argumentos oscilam entre a falácia e a mentira porque não pode admitir o razoável: Lula está se elegendo pelo conjunto da obra. Ouso dizer que a criação de 5 milhões de empregos formais e a redução da inflação abaixo de 4%, o que praticamente congela o reajuste das tarifas públicas e dos aluguéis neste ano e no próximo, bem como a queda dos preços da cesta básica (hoje um salário mínimo compra 70% mais em alimentos) são até mais importantes do que a Bolsa Família.

A população brasileira, hoje, tem mais emprego e mais renda. Basta olhar as estatísticas do Dieese. A imensa maioria das categorias sindicalizadas conquistou, nos últimos três anos, aumento salarial acima da inflação. O salário mínimo e as pensões registram aumentos reais significativos.

São apenas alguns exemplos de como as previsões catastróficas feitas pelo tucanato para o primeiro governo Lula eram apenas terrorismo ideológico. Lula estabilizou a economia e devolveu ao Brasil um grau de credibilidade interno e

Tempos de Planície

externo que nunca tivemos sob o manto da falsa nobreza tucana. Mas o que deixa mais nervosos a oposição e seus ventrílocos midiáticos é que o responsável por essas conquistas é um governo de profundo enraizamento popular, que o povo identifica como seu e que se identifica com o povo e com seus anseios históricos de igualdade e mais democracia.

Batida na economia, na estabilização, nos indicadores sociais, a oposição refugia-se, agora, na fantasia de guardiã da moral e dos bons costumes. Nada mais lhe resta a não ser esse papel patético de tirar o lacerdismo do guarda-roupa e trabalhar pela ingovernabilidade, escandindo impropérios e manipulando escândalos.

Senão, vejamos. Qualquer que seja o novo presidente da República, ele não terá maioria na Câmara e no Senado. Nenhum partido fará mais que 90 deputados e 25 senadores; e a maioria absoluta requer 257 deputados e 41 senadores. Portanto, a governabilidade deste país exigirá negociações democráticas, públicas e transparentes em torno de programas e projetos, entre governo, base aliada e oposição.

Esse problema, o das maiorias parlamentares e da governabilidade, só se resolve com a evolução política da sociedade. Todavia, não estamos diante de nenhum desastre. A capacidade de aperfeiçoamento é um dos predicados da democracia. Como a nossa optou pelo regime presidencialista,

José Dirceu

exigirá, de Lula e do PT, capacidade de articulação e de negociação com a sociedade, bem como de mobilização e disputa política para conquistar apoio aos projetos e decisões cruciais para a aceleração do desenvolvimento nacional.

O resto são arroubos da oposição, inconformada com a derrota que a vontade popular vai impondo à agenda elitista do neoliberalismo nativo.

Esquerda volver

Jornal do Brasil, 22 de novembro de 2006

Começou a disputa pós-2006. Não no Congresso, nem na composição do futuro governo ou no PT. Começou no PSDB: Serra e Aécio fincam balizas no terreno para a guerra de posições, de cuja metragem resultará o candidato tucano para 2010. Eles se preparam para ocupar o espaço político e fazer oposição, não à maneira do PSDB e do PFL, oposição do quanto pior, melhor, do tudo ou nada, de CPIs e impeachment, sempre sob a liderança de Jorge Bornhausen e Tasso Jereissatti.

José Serra quer levar o PSDB para a esquerda, quer assumir a bandeira do desenvolvimento. A estratégia óbvia é tirar de Lula o espaço progressista que lhe foi outorgado pelas urnas, carimbando, no presidente reeleito, a marca do continuísmo da política econômica conservadora de FHC. E, logicamente, quer iniciar a mudança na política econômica pela Lei da Responsabilidade Fiscal, alterando o índice que corrige a dívida dos Estados. A ideia é expurgar o efeito retroativo dos atrasados e liberar recursos para investimento em infraestrutura.

Já Aécio Neves não fala em desenvolvimento, e sim em "repactuar a federação". Quer transferir aos Estados a Cide (Contribuição de Intervenção no Domínio Econômico), um palavrão para esconder mais um imposto que pagamos sem ter a efetiva contrapartida. Por norma constitucional, todo o recurso deveria ser investido na infraestrutura de transportes e defesa do meio ambiente. Pela proposta, com a Cide, os Estados ficariam responsáveis pelas estradas federais.

Parece jogo combinado, já que ambos os governadores pedem mais recursos do governo federal. São propostas que cheiram a simples retórica política, mas devemos examiná-las para tirarmos delas o que interessa. Entre os graves problemas do Brasil, dois se destacam: a infraestrutura de transportes, incluindo os portos, e a miséria nas grandes cidades, traduzida em violência, criminalidade crescente, ausência de lazer, educação, cultura e equipamentos públicos no grande banimento republicano a que estão condenadas as periferias das nossas grandes cidades. E é nosso dever, para além da questões partidárias e das disputas que apontam para 2010, enfrentar esse desafio, que só pode ser vencido com uma frente única de políticas públicas, articuladas num pacto federativo.

Tempos de Planície

Mas, primeiro, precisamos colocar alguns pingos nos is. Não é verdade que a política econômica de Lula seja uma continuação da de FHC. Sejamos francos: Lula e seu governo não só resolveram a crise deixada pelos tucanos, como criaram as condições para o Brasil crescer. Basta cotejar os indicadores econômicos. Desde os juros (ainda num patamar elevado, mas bem abaixo da média dos anos 90), passando pelas reservas (cinco vezes maiores do que as de 2002), o emprego (média mensal de vagas dez vezes superior a dos tucanos), sem falar no salto na renda, na recuperação do salário mínimo, na melhoria nas pensões, na explosão do crédito popular, etc., etc. Logo, nosso problema é continuar na mesma direção: reduzir os juros reais a 6%, liberando recursos do serviço da dívida interna para grandes investimentos públicos em infraestrutura, educação e na melhoria da qualidade de vida das periferias das grandes cidades.

Seria fundamental que os governadores Serra e Aécio dessem as mãos ao presidente Lula, não para garantir governabilidade das maiorias, mas a governabilidade do Brasil. Para aprovarmos os projetos que estão parados no Congresso, começando pela reforma política, o Fundeb, o Estatuto da Micro e Pequena Empresa, a Lei das Agências Reguladoras, o orçamento de 2007 e a reforma tributária, a mais importante para os Estados.

José Dirceu

No passado, Lula já acordou com os governadores várias reformas e medidas. Agora, pode e deve novamente se sentar à mesa com eles, não apenas para rediscutir as suas dívidas com a União ou a Cide, mas um projeto de desenvolvimento para o Brasil. Esse apoio permitiria fazer os juros caírem mais rapidamente, criando condições para alavancarmos o crescimento. Seria um acordo pelo desenvolvimento e pela federação.

Com a palavra os governadores José Serra e Aécio Neves.

Fatos e fotos

Jornal do Brasil, 09 de agosto de 2007

Algo de muito errado está acontecendo no Brasil. Se compararmos a pesquisa de opinião divulgada pelo Datafolha, no domingo passado, com o noticiário e a opinião de articulistas nas TVs, rádios e jornais de todo Brasil, vamos constatar uma profunda dessintonia entre as críticas da elite e o que a maioria da população pensa sobre o governo. Mais ainda. Fica evidente que nem mesmo na chamada classe média tem sustentação a avalanche de críticas e ataques ao governo federal, ao próprio presidente Lula e ao seu partido, o PT, que, aliás, retomou os níveis de aprovação que tinha em 2004. Para sermos mais exatos, há uma clara ruptura entre a percepção do noticiário da mídia brasileira sobre a avaliação do governo Lula e o que a população, incluindo aí a classe média, acha realmente dele.

Pelo noticiário da mídia e os comentários de seus articulistas, o governo Lula, fracassado, deveria mais era enfiar a viola no saco e ir para casa. Não é o que pensa população

José Dirceu

brasileira, que, em sua maioria, apoia o governo. Isso não significa que o governo e o PT não tenham cometidos erros, ou não existam políticas públicas equivocadas e problemas sociais e econômicos não resolvidos. Afirmar isso seria sinal de profunda falta de bom-senso, já que o Brasil é um país com enormes e complexos problemas.

No entanto, é preciso reconhecer que a maioria da sociedade tem maturidade e compreende que um governo como o de Lula, e nas condições brasileiras, não teria possibilidade de, em quatro anos, fazer mais do que fez no combate à pobreza, na geração de empregos, na retomada do crescimento econômico e na recolocação do Brasil no cenário internacional, com ênfase na integração sul-americana.

O principal problema da oposição está em não reconhecer esse cenário. Por isso, na falta de melhor argumento, tenta desidratar ideologicamente o governo, quando está mais do que evidente que o eleitorado confirmou, em 2006, uma opção de centro-esquerda. Ou seja, cabe à oposição fazer oposição democrática e construir sua própria opção de centro-direita.

O que identifico na oposição e nos movimentos que articula – em minha visão, desde fevereiro de 2004 – é uma certa tendência ao rompimento do pacto democrático construído na Constituinte de 1988. Por que digo isso? Pelo seu comportamento nos episódios Waldomiro Diniz e escândalo do mensalão. Seus líderes, no lugar investigar e culpar, preferiram, à falta de provas, a denúncia fácil e os holofotes da mídia. Eles estão certos em relação à necessidade de o parlamento ser um fiscal implacável de seus componentes. Mas as regras têm de ser absolutamente transparentes, e valer para todos.

É do jogo democrático a oposição buscar apoio nas ruas. Portanto, são mais do que legítimos movimentos, como vimos recentemente na mídia, "Eu quero vaiar Lula" ou "Movimento cívico pelo direito dos brasileiros", mais conhecido como "Cansei". É só preciso atenção caso sejam movimentos artificiais, sem apoio popular. Porque, sem apoio popular, o "Fora Lula", as tentativas de impeachment, a negação pura e simples do governo, o desrespeito diário e permanente à instituição da presidência poderão vir a cobrar um alto preço à estabilidade democrática.

Não há, ainda, ameaças a essa estabilidade. O problema central é que os fatos não batem com as fotos; a realidade do país é diferente da foto apresentada por boa parte da mídia e oposição. E, mesmo quando a foto reflete problemas reais que requerem atenção, correção de rumo e atuação mais eficiente do Executivo, o ímpeto de atingir o governo e negar sua legitimidade e legalidade é tão intenso que, intencionalmente, tiram a foto de foco.

José Dirceu

As fotos, diferentes dos fatos, não impressionam a maioria da população brasileira, que sabe o que já conquistou no governo Lula e o que ainda falta conquistar. Ela quer o desenvolvimento econômico e social do país, e a distribuição de seus frutos. É para isso que esses brasileiros confirmaram Lula na presidência. É essa a sua cobrança.

Porque as alianças são necessárias

Blog do Noblat, 15 de maio de 2009

Embora isso nem sempre seja passado pela mídia, ou bem compreendido, quem decide a necessidade das alianças são os eleitores. No nosso sistema presidencialista com um parlamento forte, mesmo com as medidas provisórias (MPs) são os eleitores que votam no presidente de forma desvinculada dos votos para o Senado e para a Câmara dos Deputados.

Via de regra, eles elegem um presidente, mas não dão maioria a seu partido. Se tivéssemos um sistema parlamentarista, o partido majoritário formaria o governo e indicaria seu chefe, o primeiro-ministro. Aí, o presidente eleito pelo voto ou pelo parlamento é o chefe de Estado e o primeiro-ministro o chefe do governo.

Mesmo nesse sistema, os partidos são obrigados a coalizões e alianças para formar e manter o governo e o voto de confiança do parlamento, já que um deles pode até ser o mais votado, mas não ter maioria dos votos (50% mais 1), o

José Dirceu

que seguramente aconteceria no Brasil se aqui fosse adotado. No nosso país, o parlamentarismo já foi rejeitado duas vezes, em 1963 e em 1993, por 2/3 dos cidadãos eleitores. Apesar disso, as alianças eleitorais e parlamentares e as coalizões de governo não são (ou não devem ser) apenas somas de partidos. Elas representam a junção de interesses e programas, de objetivos setoriais, locais, regionais e nacionais, e a soma de lideranças fortes e representativas.

Na verdade, as alianças são uma garantia para a sociedade de que determinado programa será cumprido, já que os partidos, por mais fracos e menos representativos que sejam ou, ainda, que programáticos e fortes, expressam interesses de setores e classes sociais, os anseios e visões destes sobre o país. Muitas vezes, são feitas alianças entre partidos sem afinidades, como no caso da luta contra o regime militar na campanha das Diretas Já em que o PT e o PC do B, por exemplo, se aliaram ao PFL para pôr fim à ditadura e garantir a transição democrática.

Em momentos de crise ou de reformas, como é o caso desta reforma política em tramitação no Congresso Nacional, os partidos de esquerda e direita se unem em torno de objetivos comuns, sem que isso signifique que são iguais ou vão governar juntos, a não ser em casos extremos de guerra ou de grandes desastres nacionais, como aconteceu na Europa

Tempos de Planície

e na China pré-revolucionária. Não só partidos se comportam assim. Governos e povos também, como se viu com a aliança entre a URSS, Grã Bretanha, Estados Unidos e França para derrotar o nazifascismo durante a II Guerra Mundial.

Nesse momento, o PT busca manter a aliança que reelegeu Lula em 2006 com o PC do B, PSB e PRB, além do PMDB e PDT, sem desconsiderar três outros partidos que compõem a base do governo, PV, PP e o PTB. Essa aliança se faz necessária não só para dar continuidade ao projeto político que levou Lula à presidência, mas para governar agora e depois formar maioria parlamentar, compondo o governo com essas legendas para implementar o programa apresentado e aprovado pelo eleitorado.

A sucessão de Lula como está se apresentando ao país, depende do próprio Lula, de sua popularidade, do voto do PT (legenda mais votada no país) e das alianças para eleger a candidata do presidente e do partido, Dilma Rousseff. Afinal, o PT sozinho, mesmo com a força de Lula, não teria os votos para vencer e governar. Depende, portanto, do apoio dos partidos historicamente a ele ligados (PSB – PC do B – PDT) e do PMDB, além do PRB, que indicou por duas vezes o vice-presidente da República.

Com o apoio ao Presidente e ao PT forte no Norte e no Nordeste do país, e a disputa equilibrada no Sul e no Centro-

Oeste, a eleição pode ser decidida no Sudeste, mais precisamente em Minas e no Rio. Daí a necessidade de se consolidar as alianças com o PMDB, principalmente nesses dois Estados, além de Bahia, Ceará, Pará, Paraná, Goiás, Mato Grosso, Maranhão, Piauí, Amazonas, Rondônia, Roraima, Espírito Santo, Sergipe, Rio Grande do Norte e Amapá.

Pelo quadro que se tem hoje, em São Paulo, Pernambuco, Rio Grande do Sul, Santa Catarina, Mato Grosso do Sul, Acre, Paraíba, Alagoas, Tocantins e Brasília, ocorrerá uma de três situações: ou não será possível fechar essa aliança; ou vamos disputar as bases do PMDB; ou teremos um meio acordo de não beligerância na expectativa do segundo turno.

Com o PSB, nossa aliança passa sem problemas em Pernambuco, Ceará e Rio Grande do Norte, Estados governados pelos socialistas em aliança com o PT. Com eles podemos construir ou não acordo também na Paraíba, Amapá e nos demais Estados, sem prejuízo da aliança nacional. O mesmo ocorre com o PC do B, PDT e PRB.

O importante, então, é o PT priorizar a questão nacional na composição das chapas e palanques nos Estados, como decidiu o Diretório Nacional do partido ao adiar os encontros e prévias estaduais para depois de fevereiro de 2010. Aí o programa e a candidata estarão escolhidos e a política de aliança reafirmada, dando tempo ao presidente, à direção partidária e à postulante ao Planalto para construir as alianças indispensáveis a vitória e ao governo.

Alternativa verde?

Folha de S.Paulo, 23 de agosto de 2009

O vereador carioca Alfredo Sirkis, dirigente do Partido Verde, começou o artigo nesta página do dia 9 de agosto ("A hipótese Marina") afirmando a legitimidade da causa ambientalista e da eventual candidatura presidencial pelo PV da senadora Marina Silva, que anunciou seu desligamento do PT na semana passada. São colocações com as quais estamos de pleno acordo. Mas, como tudo na política, devemos sempre averiguar os interesses que animam seus agentes.

Não paira nenhuma dúvida sobre o caráter, a biografia e os compromissos da senadora Marina Silva, companheira de tantas lutas e trincheiras. Senadora acriana, eleita pelo PT, construtora de nosso programa ambiental e ministra do governo Lula durante cinco anos.

A história de Marina é um patrimônio do país e de nosso partido. Ao lado de bravos companheiros como Chico Mendes, Jorge e Tião Viana, entre tantos outros, dedicou o melhor de sua vida para defender os povos da floresta e a causa ambientalista.

Cabocla, seringueira, Marina é o sal da terra. Seu papel nas batalhas pela emancipação de nossa gente lhe garante o direito de disputar qualquer função pública em nosso país.

A vida política, porém, é plena de armadilhas. Até os mais nobres e valorosos militantes podem ser arrastados a situações com as quais, no futuro, não concordem ideologicamente.

Os feitos recentes do PV no Rio, liderado por Sirkis, por exemplo, são bastante reveladores: o partido integrou todas as gestões do prefeito César Maia e contou com o apoio do DEM a Fernando Gabeira no segundo turno da eleição de 2008.

Essa conduta é partilhada pelo PV paulista, que faz parte da base de sustentação dos governos Serra e Kassab. Enfim, os setores do Partido Verde liderados por Sirkis e Gabeira não são uma voz progressista em busca de uma alternativa para aprofundar o processo de mudanças iniciado no Brasil em 2002, mas representantes minoritários do bloco conservador que dá tratos à bola para achar saída diante da desidratação político-ideológica da coalizão demo-tucana, à qual pertencem com galhardia.

Analisemos os argumentos acerca da possível candidatura presidencial de Marina Silva. Sirkis apresenta essa hipótese como uma alternativa à "compulsória aliança das duas

Tempos de Planície

vertentes da social-democracia com as oligarquias políticas na busca da governabilidade", referindo-se a uma suposta e nefasta consequência da disputa entre PT e PSDB. E vai além, ressaltando que "Marina é bem talhada para promover uma nova governabilidade (...) que, enfim, supere essa polarização bizarra".

O vereador carioca redesenha a realidade, possivelmente para pavimentar a terceira via que propõe. O PSDB fez uma opção, há quase quinze anos, por ser o partido das elites financeiras, quando a transição conservadora entrou em colapso após o impeachment de Collor. A velha direita, desgastada pela longa ditadura militar, não era mais capaz de protagonizar a engenharia do Estado neoliberal.

Esse foi o vácuo preenchido pelos tucanos, que se aliaram às velhas oligarquias do PFL-DEM para levar a cabo um programa de privatizações e desregulamentações que desmontou a economia do país e colocou em xeque a soberania nacional. Esse foi o papel exercido por FHC, cujo custo social o levou à derrocada em 2002.

O PT foi a vanguarda da mobilização contra esse programa. Quando o presidente Lula assumiu, mesmo em condições políticas precárias, pois minoritário no Congresso e às voltas com uma herança maldita, travou o programa tucano-liberal, interrompeu as privatizações e deu início à reconstrução do

José Dirceu

Estado como condutor de uma economia baseada na produção, no mercado interno e na distribuição de renda.

São, portanto, dois projetos antagônicos, inconciliáveis, cuja contraposição só pode ser considerada "bizarra" se forem outros os interesses que não o retrato da realidade.

Muitos arautos conservadores se deram conta de que, no caso de não ser superada ou esmaecida a polarização entre os dois projetos, tudo indica que o condomínio PSDB-PFL terá ralas chances em 2010, naufragando outra vez com seu velho programa privatista.

Uma das possibilidades para tentar essa superação passou a ser a construção de uma alternativa que apresente novo discurso e nova imagem que tentem sangrar o bloco popular liderado pelo presidente Lula e pelo PT.

Esse é o esforço ao qual aparentemente se filiam setores do PV, em manobra que busca atrair os anseios legítimos e as contrariedades respeitáveis da companheira Marina Silva com a execução da agenda ambiental, que ela tanto ajudou a construir.

Previsões futebolísticas e realidade eleitoral

Blog do Noblat, 28 de agosto de 2009

Meu amigo e presidente do Ibope, Carlos Augusto Montenegro, volta a fazer previsões catastróficas sobre o PT e a sucessão presidencial do ano que vem. Há meses, ele já tinha previsto o fim do PT. E agora diz: "Eu não diria que o partido está extinto, mas está caminhando para isso."

Já sobre a sucessão de Lula, afirma categórico: "Mas tudo indica que agora ele não fará o sucessor justamente por causa da mesmice na qual o PT mergulhou."

Na resposta que escrevi a Montenegro meses atrás, quando da sua previsão sobre a extinção do PT, comecei brincando com o botafoguense roxo: o Corinthians, meu time, será campeão, e o Botafogo, não. Em São Paulo deu Corinthians, e o campeonato carioca terminou com a faixa para o Flamengo, meu time de infância.

José Dirceu

Acertei, mas podia ter errado. Da mesma forma que o presidente do Ibope pode estar certo ou errado com relação a 2010.

Não é fato que o desempenho do PT nas eleições de 2006 e 2008 foi um vexame. Se levadas em conta a campanha feita contra o partido e a crise do chamado mensalão, o PT foi muito bem.

Partido mais votado para a Câmara dos Deputados, o PT elegeu governadores em cinco Estados, manteve sua bancada de senadores e de deputados estaduais, além do principal: reelegeu Lula, um fato inédito na América Latina até então.

Nas eleições municipais de 2008, o PT manteve sua trajetória de ascensão constante desde 1992, quando fez 54 prefeitos. De lá para cá, foram 116 (em 1996), 187 (2000), 411 (2004) e, finalmente, 559 (2008). No ano passado, o PT ainda fez 426 vices e ganhou em mais 1.132 cidades em que integrou coligações com diferentes legendas.

No total, o PT emergiu das urnas esse ano como prefeito, vice ou partícipe da coligação eleita em nada menos que 2.117 cidades, bem mais de um terço dos quase 6 mil municípios brasileiros.

Segundo o TSE (Tribunal Superior Eleitoral), no primeiro turno das eleições de 2008, o PT teve 16.525.403 votos para prefeito, perdendo apenas para o PMDB, que obteve 18.494.251 votos. O PSDB ficou atrás, com apenas 14.494.278 votos para prefeito. O DEM teve somente 9.333.536.

Também em 2008, o PT foi o partido com maior votação na legenda para vereador, totalizando 2,1 milhões de votos. Claramente não são números de um partido em extinção, mas em crescimento.

É preciso levar em conta que priorizamos as alianças com a base aliada, por exemplo, em Belo Horizonte e Aracaju, onde elegemos aliados do PSB e PC do B. Reelegemos prefeitos do PT em Fortaleza (CE), Vitória (ES), Rio Branco (AC), Recife (PE), Palmas (TO) e Porto Velho (RO) e mantivemos um expressivo número de prefeitos e vereadores.

E, ao contrário do que afirma nosso profeta sobre perdermos em quase todas as maiores cidades, elegemos vinte prefeitos nas cidades com mais de 200 mil eleitores, segundo dados do TSE. Fomos o partido que mais elegeu nesses grandes centros. O PMDB fez dezessete prefeitos nesses municípios, e o PSDB, doze.

A tese que Lula não elegerá Dilma não resiste ao teste da experiência recente. Cesar Maia elegeu Conde; Maluf elegeu Pitta; Quércia elegeu Fleury; e Serra elegeu e reelegeu Kassab. Isso sem falar em Joao Paulo Lima, prefeito duas vezes de Recife que fez seu sucessor, João Costa. E por aí vamos.

A afirmação de Montenegro sobre Dilma ter batido no teto e sobre Serra ser favorito pode estar certa ou errada. Sobre o teto de Dilma, tenho absoluta certeza que está errada. Esse não é o teto de Lula. Logo, seu apoio e o tempo dirão. Sobre Serra, concordo: pode subir e pode cair.

É um erro desconsiderar a força e o papel do PT e de sua militância, das alianças que ainda não estão confirmadas e, principalmente, subestimar o papel de Lula e sua participação na campanha, bem como a avaliação que o povo faz de seu governo.

Com relação à crise do Senado e seu reflexo na questão ética, o PT e sua bancada têm autoridade moral para se defender. O partido será julgado pelo eleitor por toda sua história e trajetória, e o balanço ético é altamente positivo, porque o PT sabe administrar com sensibilidade às demandas populares.

Não devemos abaixar a cabeça, nem nos envergonhar da história e da contribuição que demos à democracia e ao avanço das políticas públicas no Brasil. Pelo contrário, com os dois governos Lula, temos toda a legitimidade e autoridade, política e moral, para pedir ao povo um novo mandato e levar adiante um programa de desenvolvimento que incluirá as reformas políticas e institucionais que a sociedade reclama.

"Onde mora o diabo na política brasileira"

Blog do Noblat, 30 de outubro de 2009

Na política, em especial na brasileira, é comum o uso de estratégias diversionistas quando a intenção oculta é fugir do debate que está sendo proposto por seu adversário. Usa-se o artifício de discutir a forma no lugar do conteúdo, ou os aspectos secundários ao invés do foco principal. Esse comportamento ficou claríssimo nas reações às declarações do presidente Lula sobre a necessidade de se montar uma coalizão para governar o Brasil, concedidas em entrevista à *Folha de S.Paulo*.

Lula disse o seguinte: "Qualquer um que ganhar as eleições, pode ser o maior xiita deste país ou o maior direitista, não conseguirá montar o governo fora da realidade política. Entre o que se quer e o que se pode fazer tem uma diferença do tamanho do oceano Atlântico. Se Jesus Cristo viesse para cá, e Judas tivesse a votação num partido qualquer, Jesus teria de chamar Judas para fazer coalizão".

José Dirceu

As críticas dominaram a repercussão da entrevista, com amplo destaque da imprensa. Aliás, o comportamento da mídia brasileira tem ganhado espaço no plano internacional. Digno de elogios lá fora, o governo Lula é ferrenhamente atacado internamente. A situação foi destaque do portal Le Grand Soir, que publicou crítica do jornalista Thierry Deronne (texto em francês http://www.legrandsoir.info/Chantal-Rayes-piegee-a-Sao-Paulo.html) à cobertura do caso Honduras baseada nas "informações" da grande imprensa brasileira. A constatação é a de que a contrariedade em ver um presidente metalúrgico no comando bem-sucedido do país está contaminando o noticiário.

Mas voltemos à reação desproporcional à fala de Lula. Houve quem enxergasse um caráter conformista do presidente com o atual sistema político e partidário, que leva a montar uma base no Congresso Nacional com partidos de diferentes origens e vários de centro-direita. Houve quem criticasse um suposto pragmatismo para governar. Houve até (pasmem!) quem visse uma mostra de vulgarização da figura de Jesus Cristo. Mas não houve um analista, articulista ou "especialista de plantão" que se preocupasse com o conteúdo da fala.

Ora, é evidente que a menção a Jesus e a Judas é um exemplo utilizado para caracterizar uma situação recorrente no Brasil. A frase é um diagnóstico da realidade política, sem juízo de valor. É uma constatação. As críticas se ativeram à forma, não ao conteúdo. O fundamental do que Lula disse é que o atual sistema político-eleitoral e partidário brasileiro conduz, necessariamente, a governos de coalizão nem sempre homogêneos em termos programáticos e muito menos em ideologia.

Mentiu o presidente? Disfarçou a realidade? Fez leitura incorreta do sistema brasileiro? Não. Mas o que isso importa quando há interesse oculto em tergiversar no debate que verdadeiramente vale para a sociedade?

Falta aos críticos o que sobrou ao presidente: a clareza de observar que nem sempre as coalizões podem ser programáticas e/ou ideológicas. Mesmo quando, como no caso de Lula e do PT, a direção e o rumo do governo são determinados pelo presidente da República e pelo partido majoritário. Essa é a razão de por vezes as alianças de governo e no Congresso serem com adversários de ontem.

As críticas ocultam o mais relevante na fala presidencial: se queremos mudar, precisamos fazer a reforma política. Fogem dessa discussão porque foi o Executivo que elaborou e enviou ao Congresso uma proposta de reforma, que teve empenho do PT, do DEM, do PC do B e de setores do PMDB para aprová-la. Quem mais se opôs à reforma foi exatamente o PSDB, aliado ao PP, PTB, PR, PDT, PSB, PV e alguns setores do PMDB. Hipocrisia dos tucanos agora atacarem Lula.

José Dirceu

A reforma não andou porque esses partidos fazem cálculos eleitorais e de poder pequenos e temem o crescimento de outras legendas, como o PT. Assim, tentam manter as atuais regras que beneficiam quem tem acesso ao poder econômico e à mídia e controla as máquinas partidárias. A alteração do sistema, no entanto, é crucial para dar mais força aos partidos e, com isso, priorizar seus programas. Significaria mudar a forma de se montar coalizões. Em outras palavras, significa compromisso maior com um plano de governo, com um projeto de nação. E é aí que o diabo mora.

Um convite à comparação

Blog do Noblat, 12 de fevereiro de 2010

"Se quiserem comparar, vamos comparar. Número por número, casa por casa, obra por obra, escola por escola, emprego por emprego."

A frase acima é da ministra Dilma Rousseff. Foi dita em Governador Valadares (MG), no lançamento de ações vinculadas ao PAC (Programa de Aceleração do Crescimento), ao Bolsa Família e ao "Minha Casa, Minha Vida".

Mais do que uma resposta ao ex-presidente Fernando Henrique Cardoso (PSDB), que tentou defender seu governo no artigo intitulado "Sem medo do passado", a frase é um convite à comparação do que é o Governo Lula e do foram os anos FHC.

Em 2010, esse é um exercício que todos os brasileiros teremos que fazer: comparar os dois governos. Tentar lembrar, por exemplo, o que fez FHC diante das ações do governo Lula na Educação: 596 mil bolsas do Prouni, 12 novas universidades, 79 escolas técnicas, Enem, SiSU e piso salarial de R$ 950 para os professores.

Pensando no melhor para o futuro do país, precisamos contrapor as duas formas de governar em todas as áreas: Economia, Infraestrutura, Saúde, Saneamento Básico, Planejamento, Comércio Exterior, Relações Internacionais, investimento nas cidades e nos Estados, melhoria do sistema judicial, fortalecimento dos bancos e empresas públicas, incentivos culturais, ampliação do salário mínimo e aumento do poder de compra, enfim, promover comparações profundas e extensas dos dois governos.

A razão dos melhores resultados colhidos no Governo Lula está nas diferentes visões de que o importante para o Brasil.

FHC e os tucanos acham que um bom governo é feito com um Estado mínimo, que pouco atua junto às instituições econômicas e, consequentemente, traz poucas melhorias nas condições sociais.

Trata-se de visão impregnada da ideia de que tudo o que vem de fora é melhor, por isso, deve ser copiado. Foi assim com as privatizações, que entregaram o controle de setores vitais para grupos estrangeiros privados. Não fosse a pressão popular e a Petrobras teria sido privatizada, deixando de ser um patrimônio do povo brasileiro.

Os tucanos têm uma visão cujo resultado é governar para poucos. Talvez seja porque nasceram como partido de um movimento de elite, dentro do Congresso Nacional.

O PT, por sua vez, nasceu das camadas populares, dos movimentos sociais, junto às pessoas que sempre ficaram em segundo plano no Brasil. Por isso, ao assumir o governo, voltou seu olhar para elas.

Com Lula e o PT, o Brasil passou a crescer com distribuição de renda. Basta verificar os indicadores de emprego, crescimento e renda. Foram criados 12 milhões de empregos com carteira assinada em sete anos – a previsão para 2010 é de novos 2 milhões.

Crescemos por ano, em média, de 3,7% – em 2010, a estimativa é de 5% de crescimento. As políticas de aumento do salário mínimo e dos benefícios sociais fizeram 20 milhões saírem da linha da pobreza e outros 31 milhões ingressarem na classe média – de acordo com o IBGE, a renda do trabalhador é hoje 14,3% maior do que era em 2003.

O Estado no governo Lula tem presença. Isso vem da concepção de que é da responsabilidade do Estado induzir o crescimento, desenvolver o país e promover distribuição de renda. É papel do Estado reduzir as desigualdades históricas e direcionar o Brasil para o rumo certo.

Por isso, o BNDES (Banco Nacional de Desenvolvimento Econômico e Social) tem sido tão importante no Governo Lula para garantir empresas nacionais fortes. Sabemos que se não for assim, o Brasil terá papel secundário no mundo, como sempre teve nos governos anteriores.

O governo Lula entende que o Brasil deve ter voz no mundo e tem trabalhado para isso. O respeito internacional conquistado mostra que o trabalho está sendo bem feito.

Essa concepção diferente que o PT e Lula trouxeram para o governo fez o Brasil enfrentar a mais grave crise internacional desde 1929 conseguindo reduzir seus efeitos negativos.

Com FHC e os tucanos, o país saía das crises endividado, porque dependia do FMI (Fundo Monetário Internacional) para enfrentar as turbulências. No Governo Lula, o Brasil foi exemplo para o mundo.

É esperado que FHC tente fazer a defesa do seu governo, pedindo a comparação. Mas por que será que os demais tucanos não fazem a mesma defesa?

O governador de São Paulo, José Serra, foi ministro do Planejamento, da Saúde e líder de FHC na Câmara e deve ser confirmado como adversário de Dilma nas próximas eleições. Serra representa os anos FHC, Dilma representa o governo Lula. Por que Serra não defende a gestão da qual participou?

A resposta é simples: porque o Governo Lula foi melhor e deu ao Brasil uma posição de respeito e liderança internacional (de país grande, justo e importante).

É lógico que há aspectos que devem ser aprimorados, porque mudar condições tão desiguais leva anos. Mas não dá para fingir que os oito anos de FHC foram melhores para o país do que os sete anos de governo Lula. Não sou eu quem diz isso, é o povo e a admiração que o Brasil tem hoje no mundo, um país respeitado e consultado nas decisões internacionais.

Os tucanos fogem da comparação e vão fugir durante toda a campanha de 2010. Porque comparar significa reconhecer que o Brasil está no caminho certo. Em outubro, esse rumo se chama Dilma.

Esquerda e direita

Revista Voto, 7 de julho de 2010

O Datafolha apresentou no início de junho pesquisa sobre como os brasileiros se posicionam ideologicamente. O resultado indicou que a maioria (37%) se considera de direita, enquanto 20% afirmam ser de esquerda e 17% de centro. Outro dado indica que 35% dos simpatizantes petistas se consideram de direita, o que foi usado por críticos do partido para apontar suposta contradição com as bandeiras do PT, historicamente de esquerda.

A pesquisa, porém, apresenta dados também sobre os simpatizantes de PMDB e PSDB – os outros dois principais partidos brasileiros –, o que permite comparações. Enquanto 32% dos apoiadores petistas se consideram de esquerda, os peemedebistas e tucanos possuem, respectivamente, 18% e 13% de simpatizantes no mesmo campo. Na outra ponta, enquanto 35% dos que simpatizam com o PT afirmam ser de direita, o número sobe para 47% entre os peemedebistas e 51% dentre os tucanos.

Assim, a primeira conclusão é que, das três legendas, o PT é, de forma inquestionável, a mais identificada por seus simpatizantes como sendo de esquerda. Além disso, as pesquisas sempre mostram o PT como o partido favorito da maioria da população, o que pode parecer uma contradição em um país com eleitores que, majoritariamente, se consideram de direita. Mas há razões históricas para tal fenômeno.

Com o fim da República Velha, surgiram o trabalhismo e o desenvolvimentismo de Getúlio Vargas, além de um amplo fortalecimento dos movimentos populares. Tais mudanças foram duramente combatidas pelos setores conservadores. O PCB foi colocado na ilegalidade, e a ameaça golpista pairou sobre o Brasil até o golpe de 1964, que intensificou a campanha para estigmatizar e criminalizar a esquerda. Mesmo com a Nova República, esse processo de aversão à esquerda não foi detido e tem na grande mídia uma das últimas trincheiras – o que fica evidente toda vez que os sindicatos e o MST se mostram protagonistas.

Outro importante fator para entender a pesquisa Datafolha é considerar que o quadro partidário pós-democratização, com só duas décadas de eleição direta à presidência, ainda está em fase de acomodação. O PT, por exemplo, nasce como um partido das classes trabalhadoras, com base e bandeiras populares das periferias dos grandes centros

Tempos de Planície

urbanos, mas em algumas regiões é construído a partir da relação predominante com a classe média. O PSDB também passa por uma acomodação, mas se desloca da centro-esquerda, origem do partido, para um perfil mais à direita, processo que se acentua significativamente a partir do governo Fernando Henrique Cardoso, com a aliança com as forças políticas oriundas da Arena, que virou PDS, depois Frente Liberal, PFL e agora DEM.

O PT experimentou em trinta anos um expressivo crescimento eleitoral e político desde a fundação no Colégio Sion, passando a representar mais segmentos da sociedade. Enquanto o DEM encolheu eleitoralmente durante o regime democrático, o PT se agigantou. O PT é o preferido de 29% do eleitorado brasileiro, conforme mostra o Ibope, enquanto só 1% simpatiza com os demos.

Em um quadro em que a maioria da população ainda se diz de direita, é decorrência lógica o PT, ao crescer, incorporar pessoas com esse perfil. Até porque as mudanças de delineamento ideológico ocorrem com mais lentidão do que as de preferência eleitoral. É por isso que a existência de percentuais de simpatizantes que se afirmam de direita, longe de significar aumento do conservadorismo, representa o fortalecimento do PT, que passa a ser referência partidária para mais setores da sociedade.

Por um debate elevado

Blog do Noblat, 23 de julho de 2010

A pouco mais de dois meses para o primeiro turno das eleições presidenciais de 2010, reitero minha expectativa de que, acima de tudo, nesse processo de reflexão sobre os rumos do nosso Brasil, prevaleça um debate sério, profundo e exclusivamente voltado à discussão programática. Porque essa é a melhor forma de os candidatos se submeterem de fato ao julgamento de cada brasileiro, fazendo das eleições o verdadeiro ápice da democracia.

Mas têm me preocupado dois movimentos paralelos, e intercalados, que tenho presenciado. O primeiro é o rebaixamento do nível do debate eleitoral pela oposição. O segundo é o de preparar o terreno para jogar a decisão das urnas nas mãos do Judiciário. Ambos representam riscos à democracia.

A oposição demo-tucana, que lançou José Serra como candidato, tem se desviado do caminho do bom debate. A escolha por baixar o nível está evidente nas falsas denúncias, nas acusações levianas e nos discursos tomados pelo tom de medo e terror. Entre as afirmações estapafúrdias está o cúmulo de dizer que a candidata Dilma Rousseff está doente. Mas há também artilharia contra o PT, vítima de acusação, sem base ou fundamento, de ter ligação com as Farcs (Forças Armadas Revolucionárias da Colômbia) e com o narcotráfico.

Em toda eleição usam desse mesmo expediente quando estão em desvantagem nas pesquisas: acusam o PT para tentar transformá-lo no "partido mau". Acontece que as pessoas já conhecem o PT e sabem como tem sido o governo Lula. E isso faz a diferença, porque o discurso do medo não encontra mais respaldo na sociedade: as pessoas querem debater propostas e como fazer para continuar mudando o Brasil.

Aí reside o problema da oposição. O eleitor está confrontando Lula com FHC, Serra com Dilma. E está vendo que Dilma é melhor opção, que tem as melhores propostas e que reúne as condições para seguir o trabalho iniciado no governo Lula. Sem propostas e adotando uma campanha de acusações sem provas, a oposição acirra ainda mais esse processo e passa a atacar mais e mais. Foge do debate programático.

Assumindo de vez que a campanha de Serra não tem saída, a oposição passa a apelar para os escândalos e a baixaria, ficando sem saber como enfrentar a popularidade do presidente e do governo. A perspectiva de derrota parece ter

Tempos de Planície

levado a um caminho sem volta: preparar uma campanha de baixo nível e tentar virar o jogo no tapetão.

Nessa estratégia, acusam o presidente Lula de usar a máquina pública para fazer campanha para Dilma. E a base dessa acusação é Lula declarar que vota em Dilma porque ela teve participação decisiva em seu governo, ao lançar programas como o "Minha Casa, Minha Vida", o "Luz para Todos" e o PAC (Plano de Aceleração do Crescimento), além de coordenar iniciativas como o Bolsa Família.

Ora, mas isso é a verdade! Então o presidente Lula não pode dizer em quem irá votar e o porquê? Então quando o governo é bom a população não tem o direito de saber quais as pessoas que dele participaram? Isso, sim, é um verdadeiro ataque à democracia e ao direito de informação.

É preciso que a oposição dê início a um freio de arrumação em sua campanha, para elevar o debate e deixar de lado o discurso do medo, do terror e das ofensas. É assim que se constrói uma eleição limpa, pois não deixaremos sem resposta as calúnias que nos têm sido dirigidas.

Judicializar a campanha não é o caminho. Porque o povo brasileiro, a democracia e o bom ambiente político nacional exigem que a decisão das urnas seja respeitada.

Compromisso histórico com a democracia

Blog do Noblat, 17 de setembro de 2010

A despeito dos que querem me rebaixar – usando inclusive o horário eleitoral, que é um espaço de apresentação de propostas para melhorar o país –, minha história política está diretamente associada à liberdade. Só quem sofreu as chagas da Ditadura Militar neste país sabe, na pele, o que é ser defensor da democracia. E não existe democracia sem garantia ao direito à expressão e ao livre exercício da atividade jornalística.

Ensina a boa doutrina jurídica que não há direito absoluto, ou seja, o limite à aplicação de um direito é estabelecido por outro direito. Nesse sentido, não se pode dizer que o direito de ir e vir está acima do direito à propriedade, e assim por diante. É preciso confrontar os direitos no caso concreto, para se definir qual prevalecerá. Trata-se de uma atividade típica e exclusiva ao Judiciário.

José Dirceu

Aliás, esse confronto é que diferencia uma democracia de um regime totalitário, absolutista, imperial. Ao contrário do que muitos pensam, tal condicionamento é sinal de solidez e avanço democrático. Em certa medida, equivale dizer que todo direito embute responsabilidades. Essa compreensão não é somente minha, está expressa na nossa Constituição, que, não à toa, é tida como uma das mais democráticas e avançadas do mundo.

Com base nesse preceito constitucional é que precisamos refletir sobre o papel e comportamento da grande imprensa no Brasil de hoje. A prática que tem prevalecido é a de acusar e formar culpas antes sequer da abertura de um processo judicial. A estratégia é cristalizar na sociedade opiniões para pressionar a Justiça.

Mas a conquista do respeito ao rito jurídico não é mera formalidade, é imprescindível ao pleno funcionamento da democracia. É tão valiosa quanto a liberdade de expressão. Da mesma forma, configura-se fundamental respeitar o direito de imagem e o direito de resposta de qualquer cidadão. Caso contrário, estaremos jogando no lixo um dos pilares de nossa democracia, comprometendo todo o regime.

Ocorre que a grande imprensa nacional, imbuída do claro propósito de defender determinados interesses e a pretexto de sua inquebrantável liberdade de expressão,

Tempos de Planície

tem usurpado com frequência o direito de cidadãos de se defender. É preciso que a própria mídia suspenda tais práticas e reflita sobre as responsabilidades e papéis que tem a cumprir perante a sociedade. O irretocável direito de informar não pressupõe manipulações.

Infelizmente, o comportamento da grande imprensa nas atuais eleições tem caminhado no sentido oposto. Claramente, escolheu-se um dos candidatos e passou-se a contaminar o noticiário com vistas a atender os interesses eleitorais dele. O que a grande imprensa não percebeu é que o preço dessa adesão "contaminada" é o sacrifício de sua própria credibilidade e do bom jornalismo: a abstenção de juízo de valor, a pluralidade ideológica, a isonomia de espaço para acusadores e acusados e a defesa do direito à imagem e à honra.

Liberdade de expressão plena e verdadeira prescinde da existência de mão dupla no relacionamento entre imprensa e sociedade, não tentativas de manipular as opiniões. É isso, e apenas isso, que o monopólio da comunicação tem buscado defender, colocando a mídia acima dos poderes Executivo, Legislativo e Judiciário.

Exageros como a proposição de que caminhamos para o totalitarismo no Brasil só acentuam esse processo de perda da credibilidade. E, convenhamos, não condizem com a realidade. Resta à grande imprensa retomar os princípios democráticos em sua cobertura.

Como sempre, reafirmo minha defesa desses valores com responsabilidade, pois abalos a quaisquer – repito, quaisquer! – direitos constitucionais só interessam aos quem não têm compromisso histórico com a democracia.

Compromisso com a democracia

Zero Hora, 03 de outubro de 2010

Há duas semanas, o jornal *Zero Hora* e outros vários veículos publicaram versão distorcida de uma frase minha. No lugar de "o problema no Brasil é o excesso de liberdade" da imprensa, minha afirmação foi exatamente inversa: "para quem já viveu em ditadura, não existe excesso de liberdade".

O jornal merece elogios por abrir espaço à minha manifestação sobre nosso ambiente democrático justo no dia em que 134 milhões irão às urnas decidir os rumos do país nos próximos quatro anos. Sempre lutei para que o Brasil fosse um país democrático, arrisquei minha vida por essa causa. O PT nasceu na luta contra o regime militar, forjou seu compromisso democrático nas Diretas e na Constituinte. Mesmo antes do fim da Ditadura já exercíamos nossos direitos democráticos nas ruas, greves, protestos, fundando o PT e disputando eleições, governando e legislando.

José Dirceu

O governo do presidente Lula e o PT também estão comprometidos com esses ideais, que jamais abandonaremos porque essa é a razão de nossa existência. As provas estão nos avanços sociais, conquistados juntamente com a retomada do crescimento econômico sustentável, sempre pelo diálogo e pela negociação, acatando as decisões do Congresso Nacional e do Judiciário. Hoje, vivemos um período em que há transparência das informações públicas e independência das instituições. A Polícia Federal e o Ministério Público investigam e combatem a corrupção sem interferências do Executivo e sem engavetar denúncias.

A marca deste governo foi o diálogo; por isso, não houve massacres, nem uso de força policial para reprimir manifestações. Nossa compreensão é a de que criminalizar os movimentos sociais é o mesmo que eliminar o direito de lutar pelo que se acredita ser o melhor. É dever do governo respeitar este e os demais direitos de cidadania e de expressão popular, pois os governos devem ser frutos da vontade de seu povo. Essa lógica está no coração do PT.

Lula governou ouvindo e respeitando todos. Representantes do empresariado, dos trabalhadores, do agronegócio, da agricultura familiar ou dos sem-terra; do setor financeiro, do industrial, do comércio ou de serviços; governantes de partidos aliados ou da oposição; prefeitos de grandes capitais ou de pequenas cidades do interior.

No governo passado, o Brasil ficou conhecido por não combater a pobreza e pelos graves conflitos no campo, por escândalos de corrupção não investigados e por mudar as regras do jogo – vide a emenda da reeleição. Nosso presidente, ao contrário, recusou a oferta de um terceiro mandato, enviou ao Congresso uma proposta de reforma política, recusada pelo PSDB. E, democraticamente, passará a faixa presidencial para quem o povo eleger hoje.

O governo Lula mostrou que para ser democrático é preciso governar com inclusão. Foram 14 milhões que saíram da pobreza e 31 milhões que entraram na classe média. São mudanças significativas, que nos dão a certeza que estamos consolidando e ampliando a democracia brasileira. Hoje, diante das urnas, esse projeto de realização de um novo Brasil mais justo e democrático tem nome e número: Dilma Rousseff, 13.

Por um país livre e sem ódio

Blog do Noblat, 22 de outubro de 2010

A mais recente pesquisa para a sucessão presidencial de 2010, realizada pelo Ibope, aponta a liderança da candidata Dilma Rousseff, que representa a continuidade e melhoria do Governo Lula, com 11 pontos à frente de José Serra, que representa a volta do jeito de governar que o Brasil conheceu com Fernando Henrique Cardoso. De acordo com o Ibope, Dilma tem 51% contra 40% de Serra – 56% a 44% nos votos válidos.

Os números do Ibope devem ter incomodado o presidente do PSDB, Sérgio Guerra. Isso porque o tucano fez graves declarações contra o instituto Vox Populi, que dois dias antes do Ibope revelou o mesmo quadro na disputa eleitoral – 48% a 40% para Dilma, ou 51% contra 39% nos votos válidos. "Isso foi uma safadeza de um instituto de pesquisa que trabalha para o PT", disse Guerra.

José Dirceu

Mais do que uma crítica ao trabalho do instituto, o presidente do PSDB desnuda o tipo de campanha que vem sendo feita por Serra nestas eleições, especialmente no segundo turno, uma campanha dominada pela raiva, pelo baixo nível do debate e pela incitação ao ódio com uso de mentiras. O exemplo mais fantasioso foi relacionar a alta das ações da Petrobras com a melhora de Serra nas pesquisas – um disparate sem o menor respaldo na realidade.

O mais grave, contudo, foi a utilização de temas religiosos e do aborto na campanha, como se estivéssemos em uma eleição para clérigo, não para o cargo de presidente da República, função que deve ser exercida com respeito a todas as religiões e crenças que nosso país abriga.

Serra optou por explorar e incentivar a intolerância religiosa, desrespeitando o caráter laico e republicano de nossa democracia. O incentivo ao ódio religioso e ao medo, ameaçando de fato nossa convivência social, a tolerância e ecumenismo que predomina em nossa sociedade, ficou evidente na entrevista que concedeu ao Jornal Nacional.

Ao JN, o tucano não respondeu as denúncias envolvendo o ex-diretor da Dersa Paulo Vieira de Souza, que é apontado por políticos do próprio PSDB como autor do desaparecimento de R$ 4 milhões arrecadados para as campanhas do partido. Serra preferiu desviar do assunto e atribuir a Dilma a introdução do tema do aborto na eleição.

Ora, não é possível que os tucanos acham que podem ludibriar a todo um país, pois quem acompanha o processo eleitoral sabe que Serra não apenas trouxe o tema para o centro da campanha, mas igualmente organizou a mais preconceituosa campanha já feita no Brasil. Ao fim e ao cabo, Serra instigou algo que jamais um político brasileiro tentou fazer: uma guerra santa nas igrejas católicas e evangélicas, a partir de uma "central de boatos".

Do ponto de vista do avanço do processo democrático brasileiro, é lamentável que Serra tenha abandonado e rasgado sua biografia para abraçar uma campanha com esse perfil, que arranha a tradição e a memória das lutas democráticas no país, travadas inclusive com a participação do próprio Serra.

Felizmente, a sociedade brasileira está madura e tem reagido ao uso das questões religiosas nesta campanha. As pessoas percebem as tentativas de atrelar suas crenças às escolhas políticas. A resposta da sociedade não demorou. Os jornais, em editoriais e matérias, criticaram duramente o tipo de campanha escolhido por Serra, sua pregação religiosa e a exploração reacionária e atrasada da questão do aborto.

Agora, a vanguarda do país – artistas, intelectuais, empresários, estudantes e a juventude – condenam Serra e sua cruzada. O símbolo dessa virada, que já se expressa nas pesquisas, foi o ato realizado nesta semana no Teatro Casa Grande, no Rio de Janeiro, com mais de 3 mil participantes. A vanguarda se manifestou em favor da campanha de Dilma, um fato político extraordinário, não só pela força e simbolismo, mas também pela representatividade, com figuras emblemáticas de nossa cultura. No dia seguinte, foi a vez de advogados e estudantes, no teatro da PUC-SP, e empresários e empreendedores, em Brasília.

É a construção desse Brasil que seguirá com Dilma, um país de convivência democrática, valorização da diversidade cultural e religiosa, sem miséria, que cresce respeitando o meio ambiente e que é resultado da nossa conquista mais importante após a Ditadura: os nossos valores democráticos e a nossa liberdade.

A eleição de
Dilma Rousseff

Blog do Noblat, 5 de novembro de 2010

O Brasil iniciou nesta semana um novo ciclo de sua história. E o marco dessa nova fase foi a eleição da primeira presidenta, a companheira Dilma Rousseff. A partir de 1º de janeiro de 2011, Dilma começa a conduzir sua gestão, que será marcada pela continuidade do projeto de país que deu certo com o governo Lula, mas com a responsabilidade de promover diversas melhorias.

A vitória de Dilma, conquistada com 55,7 milhões de votos, foi fruto não apenas dos oito anos de gestão do presidente Lula e do seu apoio, mas da mais ampla aliança já feita no Brasil para eleger um presidente da República.

A coligação de dez partidos que deram sustentação a Dilma garantiu uma vitória no segundo turno com 12 milhões de votos a mais que a oposição do candidato José Serra. Os partidos aliados elegeram 17 dos 27 governadores e, ainda no primeiro turno, fez a ampla maioria no Congresso

Nacional – 375 dos 513 deputados na Câmara e 58 dos 81 senadores. Tamanha vantagem dará também a presidência das duas Casas Legislativas a partidos aliados – a tradição prevê o PT presidindo a Câmara, e o PMDB, o Senado.

Foi um resultado extraordinário, alcançado com o papel decisivo do PT, que pela terceira vez seguida foi o partido mais votado no país, elegendo 5 governadores, 88 deputados federais e elevando sua bancada para 15 senadores.

Mas a importância da vitória de Dilma está também na superação de uma campanha dura e longa, marcada pela estratégia de seu principal adversário, Serra, de abdicar da discussão política e programática para fazer um debate religioso, notadamente a partir do tema do aborto. A campanha do ódio feita pela oposição ignorou um dos pilares do Estado democrático de direito, que é seu caráter laico, de separação entre a Igreja e o Estado.

A central de boatos contra Dilma encontrou na Internet e na distribuição de panfletos em cultos religiosos seu terreno fértil, na tentativa de incitar no Brasil divergências de crença, algo impensável no ambiente de convivência pacífica entre credos que sempre prosperou no país.

A opção por esse tipo de campanha ficou clara no discurso de reconhecimento da derrota de Serra, cujas marcas maiores foram a mágoa e o ressentimento contra seus próprios aliados e companheiros de partido. Momentos antes, Dilma havia estendido a mão à oposição; sinal que, encerrada a apuração, ela se transformou na presidenta de todos os brasileiros.

Infelizmente, faltou generosidade e grandeza aos adversários de campanha, especialmente ao candidato derrotado – logo ele, que prometeu agir em prol da união nacional. Há indícios de que esse comportamento visceral será mantido no governo Dilma, em evidente confusão entre o papel de demarcação de um projeto alternativo com uma atitude lesiva aos interesses nacionais.

Está em curso uma disputa interna aos partidos de oposição para definir qual linha irão adotar a partir de agora: manter um comportamento mais ferino, com vistas a sangrar o governo sempre que possível, com os mesmos tons inconsequentes e ultrapassados utilizados na campanha de Serra; ou deslocar-se para uma atuação crítica, mas construtiva.

Ainda assim, Dilma segue disposta a dialogar com a oposição. Primeiro, porque esteve durante toda a campanha voltada ao debate programático. Depois, porque sabe da importância de uma agenda que coloque o Brasil de vez na rota do desenvolvimento sustentável.

Dilma conquistou a maioria do eleitorado justamente porque mostrou que o longo caminho de mudanças, cujos pilares foram inaugurados no governo Lula, só poderá ser percorrido com respeito, paz e esforço conjunto para levarmos o Brasil a um novo patamar de desenvolvimento.

Na agenda do próximo governo, estão: erradicar a miséria, com apoio das políticas sociais; reforma política; reforma tributária; investimentos pesados em educação, saúde, segurança e inovação tecnológica; crescimento com distribuição de renda; geração de novos empregos; acelerar as obras dos PACs 1 e 2; e ampliar a meta do programa "Minha Casa, Minha Vida".

Não podemos esquecer, igualmente, a importância de melhor a gestão e as contas públicas, ampliar os investimentos públicos e privados e enfrentar a grave guerra cambial que requer uma ação firme e articulada internacionalmente.

Essas medidas compõem a pauta inescapável do governo Dilma, que será voltado, como a própria presidente eleita já afirmou, para a juventude. A prioridade com as próximas gerações inclui a preparação das nossas grandes cidades para receber a Copa do Mundo de 2014 e as Olimpíadas de 2016, preparação que pressupõe superar graves e antigos problemas de habitação, transportes, saneamento, segurança, lazer e cultura. A composição do ministério levará em conta essa pauta.

Que o governo Dilma se inicie com a certeza de que o caminho a ser percorrido já começou a ser pavimentado e que a força e o sucesso do nosso país serão sustentados pela unidade de ação política, sempre ancorada no apoio popular.

Haverá um "novo" PSDB?

O *Tempo*, 11 de Dezembro de 2010

A semana começou com um encontro entre Aécio Neves e Geraldo Alckmin para confirmar o que o resultado das eleições já havia deixado claro: o PSDB, assim como os demais partidos de oposição, está em crise e ressente-se de um novo rumo. Tanto o governador de São Paulo quanto o senador mineiro, os dois principais nomes da legenda nesta nova fase pós-eleição, falaram em "refundar" o PSDB.

O resultado das urnas – redução da bancada no Senado de 13 para 10 parlamentares e de 65 para 53 na Câmara, fora o tombo ainda maior dos aliados DEM e PPS – reforça a sensação de desgaste da (falta de) alternativa de projeto ao país. O projeto anterior, implementado na gestão Fernando Henrique Cardoso, foi superado pelo implementado no Brasil durante o governo Lula. A maior prova disso foi a derrota de Serra depois de uma campanha repleta de temas obscurantistas, como a questão religiosa e o aborto.

Aécio, inclusive, depois do almoço com Alckmin, foi porta-voz das críticas ao teor da campanha presidencial de Serra. Ambos discutem agora o que fazer para reverter um quadro de desarticulação interna e encontrar uma nova forma de fazer oposição – desde 2003, os oposicionistas comportaram-se de forma feroz e ferina contra um governo que deu (e está dando) certo, capaz de realizar políticas que atendem ao desejo da maioria do povo brasileiro.

Há, contudo, uma guerra silenciosa sendo travada nas hostes da oposição. O DEM busca equacionar a ameaça da saída do prefeito de São Paulo, Gilberto Kassab, e o descontentamento com a presidência do deputado Rodrigo Maia. Paralelamente, o comando do PSDB é disputado pelos grupos paulistas e mineiros. O presidente do PPS, Roberto Freire, chegou a dizer que essa disputa "é equívoco provinciano". Não se sabe também o que será do PPS: permanecerá na órbita tucana ou será absorvido por ela?

A conjuntura aponta Aécio como a liderança esperada da "refundação" do PSDB, principalmente porque já havia se apresentado como pré-candidato à Presidência em 2010 com uma postura crítica ao eixo político do tucanato de São Paulo. Mas não se deve esquecer que Alckmin já foi candidato a presidente e duas vezes governador. Ademais, não se sabe o que será dos outrora expoentes do partido que,

Tempos de Planície

sem mandato, buscarão influir para não perder seus pesos políticos – Serra, por exemplo, que se coloca como possível presidente da sigla.

Espera-se que a compreensão desse momento faça o PSDB aprender a dialogar com o governo Dilma Rousseff, de forma ponderada, sem buscar barrar aquilo que pode dar certo apenas para atingir ao PT – nessas ocasiões, o prejuízo é de todo o povo brasileiro. Resta saber se as feridas abertas com as derrotas eleitorais levarão as novas forças tucanas a encontrar novo caminho ou as empurrarão para uma oposição ainda mais beligerante. No fundo, a pergunta que está colocada às lideranças tucanas, de ontem e de hoje, é uma só: haverá um novo PSDB?

Capítulo 3

Políticas sociais, Estado e gestão pública

Uma nova lei orçamentária

Jornal do Brasil, 17 de agosto de 2006

Acredito que a reforma política e uma nova legislação para a elaboração da lei orçamentária são as duas mais importantes prioridades do próximo governo e do Congresso Nacional. O recente escândalo dos sanguessugas, descoberto pela ação do Executivo, mostra que chegamos ao fundo do poço e que corremos o risco de uma desmoralização total do parlamento. Sem essas duas reformas, caminharemos para uma crise institucional.

Soluções, como o orçamento impositivo – proposta defendida pelo senador Antonio Carlos Magalhães – não resolvem o problema. Ao contrário, amplia o já excessivo poder que tem, hoje, o Legislativo, pois o orçamento, uma vez aprovado, seria impositivo, cabendo, ao Executivo apenas executá-lo. Hoje, esse orçamento é autorizativo, ou seja, os parlamentares autorizam um teto de gastos para as rubricas orçamentárias propostas pelo Executivo. O orçamento impositivo afronta o regime de governo presidencialista e o equilíbrio entre os poderes da República.

Em minha visão, o melhor caminho para melhorar o processo de elaboração do orçamento é começar por diminuir, pela metade, os membros da Comissão Mista de Orçamento (CMO), hoje composta por oitenta deputados e senadores. Isso dará àquela instância mais agilidade pois, no formato atual, tem dado provas de ineficiência. Outra medida importante é impedir que os membros da CMO possam ser reconduzidos no ano seguinte, o que garantirá renovação de seus quadros. Com isso, evita-se a formação de grupos fortes, que controlem a Comissão, e de pequenas máfias, como acontece hoje.

A nova legislação precisa dar maior transparência ao processo de elaboração e de execução do orçamento, com a ampliação das audiências públicas e a criação de comitês permanentes de fiscalização e de acompanhamento da despesa e da receita e, principalmente, de mais rigor na apresentação de emendas. Para isso, seriam extintas as emendas individuais de parlamentares e de bancadas regionais; as emendas de bancadas estaduais seriam aprovadas por 3/4 dos deputados e 2/3 dos senadores ficando limitadas a 12 (hoje variam entre 18 e 23).

Outra inovação importante seria a participação das comissões permanentes da Câmara e do Senado na elaboração do orçamento e da LDO, com a realização de audiências públicas conjuntas e a escolha dos relatores setoriais dentre os membros das comissões permanentes. A CMO passaria a trabalhar com designação antecipada dos relatores setoriais e rodízio na ocupação das relatorias.

Novos parâmetros deveriam, também, ser estabelecidos para o poder discricionário do relator geral e dos relatores setoriais. A margem de atuação do relator geral seria limitada em até 20% dos recursos disponíveis para emendas coletivas (projetos específicos e estruturantes). Outros 25% dos recursos de emendas coletivas seriam distribuídos, com base em critérios prévios, às bancadas, e os 55% restantes seriam decididos pelos relatores setoriais.

Assim, evitaríamos dois males que padecemos: a subestimação de receitas pelo Executivo e sua superestimação pelo Legislativo, com a inevitável consequência, o contigenciamento puro e simples das despesas, pelo Executivo, zerando o orçamento inflado pelo Congresso.

A mudança na forma de se elaborar o orçamento pode não resolver todos os problemas de corrupção e de desvio de recursos públicos, mas será um passo importante, ao lado das reformas política e administrativa, rumo a um maior controle social sobre o poder público e o Estado.

José Dirceu

A palavra e a ação estão com o Congresso Nacional: o Projeto de Resolução n. 2, com todas essas mudanças e inovações, está na lista de espera para ser votado.

Um roteiro de políticas e medidas contra o crime organizado

Jornal do Brasil, 31 de agosto de 2006

Ao avaliar a crise que vivemos desde o início dessa nova fase de atuação do PCC, resolvi listar todas as sugestões e medidas já anunciadas e discutidas no país. São elas: fazer funcionar o Gabinete de Gestão Integrada em todo o Brasil, principalmente em São Paulo, medida implementada na semana passada, com a instalação do GGI de São Paulo; fazer um mutirão na Vara de Execução Penal com o objetivo de soltar todos os presos que já cumpriram penas; dar assistência judicial aos presos com recursos e reclamações na Justiça; dar assistência jurídica aos presos, bem como garantir seu direito à saúde, ao estudo e ao trabalho; separar os presos, segundo as penas e a gravidade dos delitos e crimes; prevenir antes de reprimir e implantar, efetivamente, uma política real de penas alternativas; retomar o controle do

José Dirceu

sistema prisional em São Paulo e no país; dar continuidade à construção de presídios federais de segurança máxima; e segregar os presos de alta periculosidade.

Além disso, manter o Regime Disciplinar Diferenciado (RDD), avaliando e revendo sua aplicação e sua eficácia; construir um diagnóstico e um sistema de informações confiáveis sobre o crime organizado; priorizar o trabalho de investigação e de informação; fazer controle da lavagem de dinheiro e realizar operações de infiltração e combate ao crime organizado; dotar de recursos e meios os órgãos responsáveis por essa política.

Pode-se ainda citar: controlar e vigiar as fronteiras do Brasil, com a presença da Polícia Federal e das Forças Armadas, para combater o contrabando de armas; reavaliar a política de segurança nas fronteiras, nos aeroportos e portos; fortalecer as polícias municipais, regulamentando o papel das guardas municipais como polícias municipais, preventivas e comunitárias; criar o Ministério de Segurança Pública, ou uma secretaria vinculada à Presidência da República, como órgão gestor da política nacional de segurança pública, ao qual serão subordinados a Polícia Federal e a Polícia Rodoviária Federal; mobilizar a sociedade para participar na elaboração de políticas públicas de segurança e do controle social das polícias e autoridades; desmilitarizar a segurança

Tempos de Planície

pública no Brasil, a começar pelas polícias militares; investir na prevenção e na investigação, na capacitação da polícia técnico-científica, nos órgãos de inteligência policial e de controle interno das polícias.

Registro, também: montar um programa especial para as periferias das regiões metropolitanas, com investimentos no combate à pobreza, na geração de emprego e renda, na saúde e educação, em transportes coletivos, habitação e saneamento, cultura e lazer.

Como podemos ver, não se propõe nenhuma ação governamental impossível, o que demonstra que falta apenas vontade política para vencer a situação de paralisia e perplexidade das autoridades. Precisamos, para adotar tais medidas, da ação conjunta dos governos federal, estaduais e municipais, de um centro de direção e de coordenação nacional, que pode ser um ministério ou secretaria e de recursos – sem os quais nada será implementado – e da mobilização da sociedade.

Precisamos do envolvimento da magistratura, das polícias, dos governantes, dos meios de comunicação e das organizações sociais. A liderança, como já afirmei no início da crise, deve ser do Presidente da República, já que se trata de um problema de segurança pública nacional, que há muito se arrasta sem que seja tomada a decisão política de se or-

107

José Dirceu

ganizar uma ação de longo prazo que detenha a escalada do crime organizado.

Estamos disputando, com o crime organizado, o futuro de nossa juventude. Para garantir ao jovem pobre os seus direitos de cidadão, é preciso priorizar os investimentos em educação e em infraestrutura social, em geração de emprego, em cultura e lazer. Sem isso, a luta contra o narcotráfico e o crime organizado não passará de uma guerra sem fim, em que o dia-a-dia será a eterna contagem de perdas humanas dos dois lados de uma mesma nação e um mesmo povo.

Prioridade para a juventude

Jornal do Brasil, 15 de fevereiro de 2007

Ninguém pôde dormir nos últimos dias sem meditar e refletir sobre a tragédia que se abate sobre nós. Todos os dias assistimos, impassíveis e impotentes, ao crescimento da violência e do crime. É uma realidade nua, crua e dura que não temos mais como esconder. Mas também tomamos consciência de que chegou a hora de reagir, de realizar uma mobilização nacional para enfrentar o crime organizado e a violência, que atinge principalmente nossa juventude.

É preciso prevenir e reprimir. Porém é preciso também reformar os sistemas policial, prisional e penal e priorizar com recursos nossa política de segurança pública. Essa é uma tarefa não só dos Estados, mas também dos municípios e do governo federal. E não bastam as polícias civil, militar e federal, as Forças Armadas devem e precisam participar da luta contra o crime.

José Dirceu

Mas se queremos ir a fundo e às causas do crescimento do crime organizado e da violência, precisamos principalmente reconstruir nosso sistema educacional e nossa estrutura social, nas famílias e comunidades, nas cidades, nas relações sociais e políticas. Precisamos apresentar uma alternativa para a juventude brasileira que vive, trabalha, estuda, se diverte e sonha com um futuro melhor nas periferias de nossas cidades.

Segundo o Fundo de População das Nações Unidas, em 2003 nosso país era o quinto do mundo com maior percentual (30%) de jovens. Entre 10 e 24 anos, são 51 milhões, dos quais 8 milhões têm baixa escolaridade, cinco anos atrasados na série escolar em relação à idade. E 3,3 milhões de jovens não frequentam a escola. A Unesco, também organismo da ONU, concluiu que menos de 50% dos jovens de 15 a 24 anos frequentavam as escolas em 2003. A frequência à escola diminui com o aumento da faixa etária.

Apenas 6,8% da população com mais de 25 anos conclui a educação superior, segundo o IBGE. E 59,7% dos portadores de diploma superior estão na região mais rica do país, a Sudeste. Os brancos têm quatro vezes mais acesso ao ensino superior que os negros, pardos e indígenas. No ensino superior, apenas 60% dos alunos matriculados pertencem à faixa etária entre 18 e 24 anos. Temos 1,3 milhão de jovens

Tempos de Planície

analfabetos, 17, 5 milhões não frequentam a escola e, desses, somente 5,3 milhões concluíram o Ensino Médio. Não têm escolarização adequada 24 milhões de pessoas e 6,6 milhões a têm defasada, com distorção da idade-série.

Os jovens representam 45,93% da população economicamente ativa desocupada. São 4.866.896 jovens desempregados, de um total de 10.597.473 desempregados para uma PEA de 86.055.645 de pessoas.

De maneira geral, todos os indicadores com relação aos jovens estão se agravando. Cresce a gravidez precoce: 700 mil adolescentes entre 15 e 19 anos tornam-se mães a cada ano. Diariamente 150 adolescentes entre 10 e 19 anos são internadas por causa de abortos provocados. Na faixa entre 15 a 24 anos, 70% dos óbitos são resultantes de causas externas. Estima-se que existam 800 mil usuários de drogas injetáveis no país, a maioria entre 18 e 30 anos. Num total de 172.508 escolas no Brasil, apenas 40.168 têm quadras esportivas. Das 18.812 escolas privadas, apenas 10.858 têm quadras.

Como vemos, não são poucos os problemas que exigem soluções e políticas públicas urgentes e extraordinárias. A juventude brasileira precisa de acesso à educação e ao lazer, à cultura e aos esportes.

Se realmente queremos dar fim à violência e deter o crime organizado, precisamos começar pela juventude e pela comunidade, pela família. Necessitamos de um programa nacional e de uma mobilização de toda a sociedade. Não é uma tarefa apenas dos governos, que precisam e devem fazer sua parte. É de todos. Deve ser também a prioridade dos partidos, dos movimentos sociais, das entidades sindicais, de toda a sociedade.

Sem uma política, articulada nacionalmente, de investimentos nas regiões metropolitanas, na sua infraestrutura social e urbana, e sem uma revolução na educação, na cultura, no esporte e no lazer para a juventude, não avançaremos nessa luta.

Não é uma tarefa para amanhã, é para hoje, para já. A educação e a atenção à juventude devem ser uma bandeira nacional, uma bandeira de todo o Brasil.

Regulação e protagonismo

Jornal do Brasil, 16 de agosto de 2007

Muito se tem escrito e falado sobre a posição do governo Lula e do PT sobre as agências reguladoras e, ultimamente, sobre a minha posição, enquanto ministro-chefe da Casa Civil, no debate que precedeu o envio do projeto de lei do Executivo ao Parlamento sobre a matéria. Aos poucos, a oposição e parte da mídia constroem uma caricatura da posição do atual governo, inocentando o governo anterior de qualquer responsabilidade na criação apressada das agências reguladoras, para tentar pôr alguma ordem na desordem da privataria da era FHC.

É didático recordar que as agências reguladoras foram criadas separadamente, cada uma com uma legislação, sem recursos humanos, com atribuições diferentes, com mandatos fixos e inamovíveis – no caso da ANP, o presidente FHC vetou o artigo que permitia a remoção de diretores pelo Senado da República –, e sem nenhum controle externo. A pioneira Anatel, das telecomunicações, com a mais bem acabada formulação jurídica, surgiu com recursos definidos, os fundos de universalização e fiscalização. Também as agências das áreas elétrica e do petróleo foram criadas com fontes de financiamento de suas atividades. O mesmo não se observa em todos os demais processos.

Essa falta de uniformidade legislativa, de coerência regulatória e de financiamento revelou-se, mais do que um problema, uma verdadeira barreira à implementação de mecanismos fundamentais, como o financiamento com recursos do Fust, o fundo de universalização das telecomunicações. É bem verdade, e tenho que reconhecer aqui, que, se a falta de clareza do papel das agências frente às políticas públicas foi logo detectada pelo governo Lula, esse cenário favoreceu o movimento de carrear recursos dos fundos setoriais (especialmente do Fust) para o financiamento do déficit público.

Fui e sou contra esse tipo de expediente. Cidadãos e empresas têm que ter a segurança de comprovar que recursos com destinação definida serão aplicados em suas rubricas. Por referendar esses princípios, sempre lutei contra o desvio de recursos carimbados. No caso das agências, insurgi-me em dobro, porque a fiscalização é imprescindível para que cumpram seu papel de zelar pela modicidade dos preços, pela real competição e pela garantia de isonomia em relação a quem quer que seja.

Tempos de Planície

Hoje, o debate envolve a proposta, enviada ao Congresso Nacional pelo governo Lula, que uniformizava o tratamento dado às agências, inclusive na denominação dos cargos. Introduzia uma novidade, os contratos de gestão, que as obrigava a terem metas e prazos, e a prestarem contas à sociedade e aos poderes Executivo e Legislativo. Retirava das agências o poder de concessão e outorga, natural do Executivo, até para que pudessem se concentrar em suas atividades-fim – regulação, garantia da concorrência e defesa do interesse do consumidor, da cidadania.

Na época, a oposição se opôs radicalmente ao contrato de gestão e à qualquer medida que atenuasse o caráter irrevogável dos mandatos fixos temporários, chegando, inclusive, a acusar o governo de querer inviabilizar a autonomia das agências. Hoje, está claro que precisamos das agências, para fiscalizar e regular o mercado. Mas elas não podem estar acima do Estado. Precisam, como poder de Estado, ser fiscalizadas, seja por meio de recall dos mandatos de seus diretores, seja pela presença, obrigatória, dos consumidores nos fóruns deliberativos. Também está claro que o governo Lula errou ao contingenciar a maior parte dos recursos de financiamento dos reguladores, asfixiando suas atividades. Por diferentes razões, não conseguimos reverter esse quadro.

José Dirceu

A experiência recente da crise aérea revelou a urgência da aprovação, pelo Congresso, do projeto de lei do Executivo, já discutido, emendado e pronto para ser votado, que pode dar ao país agências reguladoras que cumpram seu papel, sem riscos de serem capturadas ou de se colocarem acima do Estado e a serviço de interesses privados ou partidários.

A hora das
Forças Armadas

Jornal do Brasil, 29 de novembro de 2007

Pesquisa da Sensus-CNT e da revista *Veja* trouxe de volta o tema das Forças Armadas e de sua modernização e profissionalização. Devemos aproveitar esta oportunidade para um amplo e transparente debate público sobre uma nova doutrina de defesa nacional e a organização de um verdadeiro Ministério da Defesa, para que possamos ter Forças Armadas modernas e profissionais, adequadas à realidade do mundo do século XXI.

Nossas Forças Armadas não necessitam só de modernização de seus equipamentos e de maior profissionalização, talvez transformando o alistamento obrigatório em atividade militar voluntária e adequadamente remunerada. Precisam de uma ampla reforma administrativa, a começar pela implantação, de fato, do Ministério da Defesa, e da apresentação, ao país, de uma doutrina de defesa nacional e de um plano decenal.

José Dirceu

Modernizar não significa apenas comprar novos equipamentos – aviões, barcos, tanques, fuzis –, ainda que isso seja necessário, mas voltar a investir em pesquisa científica e reconstituir a indústria brasileira de defesa nacional. É preciso retomar o projeto do VLS, o veículo lançador de satélites; o ciclo completo da produção de combustível nuclear; o submarino de propulsão nuclear; a produção de satélite. Enfim, temos de reconstituir a indústria de defesa nacional, para o país estar preparado para o caso improvável de uma guerra.

À medida que nosso potencial econômico se desenvolve e nossa capacidade científica se consolida, precisamos adequar nosso poder militar ao nosso desenvolvimento econômico e social. E nos prepararmos para assumir responsabilidades não apenas na América Latina, mas no mundo. Como no caso do Haiti, dirigindo uma força militar das Nações Unidas, ou da Venezuela, participando do Grupo de Amigos que deu uma saída democrática para o impasse que então vivia aquele país, produto das iniciativas golpistas e antidemocráticas da oposição de então.

Não podemos nos pautar por falsos problemas estratégicos, como a ameaça armamentista da Venezuela ou a crise aérea brasileira. Essas questões são tópicas e não podem definir uma doutrina nacional, que precisa se apoiar em nossos objetivos permanentes como Nação, definidos a partir das

Tempos de Planície

opções soberanas de nosso povo. Nessa linha demarcatória acerta *Veja* e todos os pesquisados, ao colocarem a Amazônia como prioridade, tanto para a reorganização espacial das Forças Armadas, como para a modernização de seu equipamento e o treinamento de seus integrantes.

Essa é tarefa urgente, a ser construída sobre uma base real, que inclui os projetos Calha Norte e Sivam, e a transferência de unidades das Forças Armadas para a imensidão amazônica brasileira. O país tem de defender seu território e sua população civil não só de um improvável ataque inimigo, mas, concretamente, das hipotéticas tentativas de se criar em nosso território bases de apoio para atividades terroristas.

Apesar do apoio e apelo populares, não é papel das Forças Armadas, como a pesquisa também demonstra, a repressão ao crime organizado e ao narcotráfico. Mas cabe a elas a proteção de nossas fronteiras, aérea, terrestre e marítima. Se essas atividades forem adequadamente desenvolvidas, já seria apoio inestimável à luta contra o crime organizado no Brasil e no mundo, particularmente na América Latina, onde assume proporções de um Estado dentro do Estado no México, Peru, Colômbia, para citar alguns países.

Já passou da hora de sairmos da fase de diagnóstico das deficiências enfrentadas pelas Forças Armadas brasileiras para a ação. O Congresso, por meio de comissões

José Dirceu

permanentes da Câmara dos Deputados e do Senado, e o governo, via Ministério da Defesa, precisam convocar a sociedade para esse debate e estabelecer um plano para dar às Forças Armadas o papel constitucional que lhes cabe. Sem apagar o passado, mas confiantes de que sua reorganização e modernização aprofundarão seu caráter profissional e de subordinação ao poder civil e à soberania popular. É disso que o Brasil precisa com urgência.

O bom exemplo

Jornal do Brasil, 22 de maio de 2008

Carlos Minc, o novo ministro que assume oficialmente no dia 27, já anunciou que dará continuidade à principal agenda de Marina Silva à frente do Ministério do Meio Ambiente – a preservação da Amazônia. Mas Minc vem da cidade grande, e vai ampliar a agenda ambiental do país, com vivência urbana em relação aos grandes e graves problemas das cidades, que também ameaçam o planeta Terra, como o desmatamento e a destruição de biomas como a Amazônia. Estamos nos referindo à emissão de gases, à contaminação de rios e lagoas, ao lixo e à poluição industrial.

Se é importante ampliar a agenda com os problemas ambientais urbanos, é fundamental ter claro que a questão central da política ambiental brasileira está na garantia dos recursos orçamentários, sem o que não há política ambiental que se sustente. São quase R$ 900 milhões que foram contingenciados todos os anos, e que precisam voltar ao orçamento do Meio Ambiente urgentemente. Minc está ciente da importância dessa briga, e já colocou a questão dos recursos na mesa, da mesma forma que defendeu mais rigor no licenciamento ambiental e menos burocracia; eu diria, menos fundamentalismo que busca a judicialização e não a negociação e o termo de ajuste de conduta.

O caminho ideal é definir a política de menor dano à natureza, respeitado o princípio da precaução. Se a opção for pela construção de hidrelétricas, por exemplo, é preciso priorizar seu licenciamento, antes que o país seja ocupado por termoelétricas a óleo diesel e a carvão – na melhor das hipóteses, a gás –, como vem acontecendo, muito mais prejudiciais. Isso sem falar na opção da energia nuclear. É preciso estimular o uso de energias alternativas, como as pequenas centrais hidrelétricas, o bagaço da cana, a eólica, a solar e os biocombustíveis, inclusive para diminuir a emissão de gases dos veículos.

Aliás, o novo ministro, com uma larga experiência na luta política e parlamentar, na negociação e na disputa da mídia, começou colocando o dedo na ferida: nossa legislação de emissão de gases é frouxa e a de licenciamento, burocratizada. Também disse que vai retomar a agenda de Marina Silva no que se refere à manutenção da operação da Polícia Federal, conhecida como Arco de Fogo; também à proibição dos empréstimos bancários para os que desmataram ilegalmente; e

Tempos de Planície

à não revisão dos limites legais da Amazônia, como querem pecuaristas e agricultores de soja, com apoio do ministro da Agricultura e do governador do Mato Grosso.

Além de resolver a questão dos recursos orçamentários, é importante prosseguir no trabalho de desburocratização dos órgãos ambientais, com sua profissionalização e modernização. Sem a presença do Estado, dos órgãos ambientais, de reforma agrária, de regularização fundiária, de polícia, da Receita e das próprias Forças Armadas, não haverá política que seja bem-sucedida na Amazônia. Mesmo a boa proposta de Minc de uma Guarda Nacional Florestal não terá sucesso sem a presença dos demais órgãos do Estado e sem recursos, não só para a Amazônia, mas para todas as reservas e áreas de preservação.

Outra questão importante é o financiamento das políticas públicas de apoio ao desenvolvimento sustentável da região amazônica – do extrativismo, da pesca, da agricultura familiar, dos assentados e, principalmente, da biodiversidade, nossa principal riqueza. Na Amazônia, vivem 25 milhões de brasileiros e brasileiras, há centros urbanos industrializados, de comércio e de prestação de serviços. Por isso, a preservação passa sempre pela criação de alternativas econômicas à agricultura e à pecuária. Também é preciso lembrar que o Brasil tem 70 milhões hectares de terras inaproveitadas e outro tanto de terras degradadas, sem falar no aumento da produtividade agrícola e no avanço da biotecnologia que nos permitem produzir mais em áreas menores. Ou seja, não há justificativa para se ocupar as terras da Amazônia.

Boa sorte e boa luta para o novo ministro, que a força e a determinação de Marina Silva lhe sirvam de exemplo.

O controle social do Sistema S

Jornal do Brasil, 29 de maio de 2008

A discussão está polarizada – governo, de um lado, a maioria das entidades empresariais, de outro –, mas ela é saudável e mais do que necessária. O alvo é o Sistema S, nome pelo qual é conhecido o sistema de aprendizagem e ação social, fundado nos anos 40 e sustentado com recursos públicos compulsórios, provenientes da cobrança das empresas de um percentual sobre a folha de salários. Esses recursos são direcionados para as entidades empresariais administradas pelas confederações empresariais da indústria, comércio, agricultura, transporte e cooperativismo.

Ninguém ignora a contribuição dada à formação profissional pelos cursos do Senai e Sesc, nem a relevância das atividades de cultura e lazer do Senac e Sesi. Mas há tempos as centrais sindicais de trabalhadores têm cobrado mais controle social sobre esses recursos. Como decorrência, o governo, por meio dos ministérios da Educação, do Trabalho e do Desenvolvimento Social, apresentou propostas de mudanças no funcionamento do chamado Sistema S.

As críticas feitas ao atual modelo incluem falta de transparência na gestão dos recursos, dos cursos e atividades do sistema. Em casos extremos, há, até, acusações segundo as quais muitos sindicatos do empresariado confundem seus recursos com os das entidades do Sistema S e cobrem gastos com pessoal e direção com recursos que não são seus.

A questão mais grave, no entanto, foi levantada pelo ministro da Educação, Fernando Haddad, que fez eco a uma velha cobrança dos sindicatos: trata-se, entre outros pontos, da cobrança de anuidades nos cursos de profissionalização do Senai e Senac, da curta duração dos cursos técnicos, e do critério de distribuição de recursos com base na arrecadação de cada estado ou entidade, e não nas suas necessidades ou em seu desempenho.

Para superar o que considera distorções do Sistema S, o governo propôs que um conselho gestor tripartite (empresários, trabalhadores e governo federal) definisse a estratégia das entidades de formação profissional e ação social, apoiada em princípios como a gratuidade dos cursos para alunos de escolas públicas ou bolsistas de escolas particulares, e a distribuição dos recursos conforme o desempenho e eficiência de cada entidade, do número de alunos matriculados e da qualidade dos cursos.

Apesar de razoáveis, as propostas foram rechaçadas pelas entidades sindicais das empresas, que acusam o governo de querer estatizar o Sistema S e se apropriar dos seus recursos – cerca de R$ 8 bilhões em 2008, sendo R$ 4,8 bilhões para ação social e R$ 3,2 bilhões para cursos técnicos. Essas entidades argumentam, ainda, que o governo, que não consegue administrar a educação pública, não poderia ter a pretensão de traçar as diretrizes e políticas do Sistema S, tarefa que, insistem, caberia a elas. São as empresas, dizem, que sabem quais as demandas do setor produtivo e não o governo.

Em defesa de sua tese, o governo argumenta que, como os recursos do Sistema S são públicos, seu uso poderia estar sujeito à licitação e sua gestão dependeria de concurso público. Por isso, quer mudanças como o aumento da carga horária dos cursos – os R$ 3,2 bilhões, mesmo assim, seriam suficientes para a formação de 800 mil técnicos/ano –, e ampliação de 40% para 60% do volume de recursos aplicado em aprendizagem.

Com o avanço do debate, que mal começou, as distâncias entre as posições, espera-se, tendem a se encurtar. Para isso, a discussão não pode ser reprimida por pressão das entidades empresariais. Afinal, o controle social dos recursos e atividades

José Dirceu

do Sistema S, e não sua estatização como insinuam os que querem impedir mudanças, é mais do que necessário.

Como estamos falando de recursos públicos, o Sistema S tem que dar satisfação não só às entidades empresariais, como alegam seus dirigentes, mas a todos os cidadãos. Para evitar distorções, como as taxas administrativas que as federações e confederações empresariais cobram das entidades do Sistema S para gerir as atividades de formação e ação social.

Até quando?

Jornal do Brasil, 18 de setembro de 2008

Depois da invasão do escritório e da casa do empresário Eike Batista na chamada operação Midas e da descoberta de um suposto grampo ilegal, no Supremo Tribunal Federal, foi desencadeada toda uma operação midiática, como gosta de dizer o ministro da Justiça, Tarso Genro, contra aquilo que ficou conhecido como abusos da Polícia Federal, com participação de juízes e procuradores da República, nas investigações, operações, inquéritos contra a corrupção e o crime organizado. A mesma imprensa, começando pela revista *Veja*, não economizou páginas e palavras para combater aquilo que ela mesma promovia e estimulava meses atrás contra o PT e o governo Lula: os grampos ilegais ou autorizados sem base legal, as prisões espetaculares, com o uso abusivo de algemas, os vazamentos dirigidos e articulados com a própria mídia, que tinha e tem informações privilegiadas sobre as investigações, operações e inquéritos. Nessa cruzada, como era de se esperar, a mídia teve a companhia da oposição, a mesma que aplaudia os excessos das ações quando o alvo era o governo.

A pergunta que não quer calar é: por que a imprensa mudou de lado e de comportamento? Estará ela escondendo algo ou apenas deu-se conta do monstro que criou, estimulou e cultivou? Como podemos acreditar na mídia se ela, há meses, apoiava e estimulava linchamentos de acusados ou mesmo investigados, ou apenas suspeitos, sem a presunção da inocência e o respeito ao devido processo legal, se estimulava a pressão da opinião pública e do clamor popular sobre juízes e tribunais para condenar sumariamente suspeitos e acusados sem culpa formada? Fica aqui a pergunta.

Independentemente desse grave comportamento da mídia, estamos diante de um desafio numa democracia de apenas vinte anos, num país que viveu a metade de sua vida republicana submetido a ditaduras e ao arbítrio, que sempre conviveu com a impunidade dos de cima e com os esquadrões da morte para os de baixo, com uma ditadura militar que se impôs pela força em nome do combate "à subversão e à corrupção". Precisamos discutir como construir e organizar instituições aptas para combater a corrupção, sem que descambem para o abuso e o arbítrio, para o uso de suas atribuições legais na luta política partidária ou simplesmente a auto promoção de seus integrantes. Pior ainda, para a perseguição de adversários ou supostos suspeitos, desrespeitando os mais elementares direitos constitucionais.

Os recentes acontecimentos envolvendo a Polícia Federal e a Agência Brasileira de Inteligência, delegados, juízes e procuradores, demonstram que precisamos, para manter a ação dessas instituições a serviço do país, rever toda legislação sobre abuso de autoridade, interceptação telefônica, guarda e proteção do sigilo legal, uso de algemas. Essas medidas são necessárias não para colocar um fim as investigações e operações, inquéritos e processos judiciais contra a corrupção e o crime organizado, mas ao que assistimos nos últimos meses: o abuso e o uso político dessas operações, o desrespeito ao sigilo, estimulado e promovido pela mídia, o vazamento dirigido de informações, operações dirigidas, atos ilegais, que só favorecem os investigados, acusados e processados, os que se dedicam a corrupção e ao crime organizado, já que levam a absolvição dos acusados ou anulação dos processos, seja por razões legais ou por pura chicana jurídica.

Tenho sido criticado por denunciar abusos e o comportamento da mídia, por apoiar as mudanças legais necessárias e urgentes que porão um fim nesses abusos. Muitos tomam minha posição como conivente com envolvidos em graves denúncias e crimes, mas é meu dever de cidadão e homem público não compactuar com a violação daqueles direitos e

José Dirceu

garantias que tanto lutamos para conquistar, mesmo ao preço de incompreensões e suspeitas descabidas. Tenho a convicção de que compactuar com essas ilegalidades e abusos é um caminho sem volta para o arbítrio e a ditadura, mesmo que seja das próprias instituições policiais e da Justiça.

Educação e juventude: ainda há sonhos a serem conquistados

Blog do Noblat, 19 de junho de 2009

Nos últimos dias voltou a ser discutida no país a questão da educação, seja pela publicação de um relatório da Unicef – o braço da Organização das Nações Unidas para Educação e Cultura – seja pela aprovação na Câmara dos Deputados de um projeto que retira a área das restrições orçamentárias hoje existentes, liberando recursos para o ensino infantil e técnico profissional.

O tema é discutido, ainda, por uma outra – e lamentável – razão: a oposição dos governadores, particularmente os do PSDB (com o de São Paulo, José Serra, à frente), de pagar o piso salarial nacional de R$ 950,00 mensais para os professores.

O fim dos vestibulares e o papel do Exame Nacional do Ensino Médio (Enem), também tem sido assunto na mídia.

José Dirceu

O Ministério da Educação anunciou um importante programa de formação e capacitação de professores de nossas escolas de Ensino Fundamental e Médio, e uma mudança radical no currículo e na formação dos mestres brasileiros, 1/3 dos quais não tem formação universitária.

A cada ano o Brasil vai avançando nas três questões decisivas da educação: o financiamento, a avaliação e a formação dos professores. A tão esperada extensão da banda larga (internet rápida) para as escolas do país ainda é uma promessa, mas dia a dia os brasileiros se conscientizam e tomam conhecimento da importância da educação e do desenvolvimento da pesquisa e da tecnologia.

A grande batalha do país nesse momento é pela melhora da qualidade da educação e pela da universalização do Ensino Médio – já alcançada no Ensino Fundamental – além da mudança radical do currículo do Ensino Médio para se ter uma educação profissionalizante, técnica, que com base numa formação humanista prepare o estudante para uma profissão que permita seu acesso ao mercado de trabalho, mesmo antes de uma formação universitária.

O Brasil tem um grande desafio pela frente: a educação é de responsabilidade dos governos federal, estaduais e municipais. Somos uma federação e de modo geral os municípios e Estados respondem pela educação infantil e

Tempos de Planície

fundamental; os Estados pela média; e a União pela universitária. E temos Estados com importantes universidades. São Paulo, por exemplo, tem três: a Universidade de São Paulo (USP), a Universidade Estadual de Campinas (Unicamp) e a Universidade do Estado de São Paulo Júlio de Mesquita (Unesp).

Por outro lado, a municipalização do Ensino Fundamental não é realidade ainda em muitos Estados. Mas a questão da educação nos remete à juventude, que reclama um programa para além da educação e da criação de empregos.

É um segmento da nossa população que nos remete para a necessidade de instituirmos – e aperfeiçoarmos as existentes – políticas culturais, de esportes e lazer, e para políticas urbanas que tragam melhoria dos transportes, da habitação e do saneamento nas cidades. É um grande contingente que requer, ainda, uma política de inclusão digital e de consolidação de uma rede de proteção social aos jovens, que fortaleça sua participação cidadã e os proteja da violência e das drogas.

Felizmente a atual administração do país teve percepção disso e no governo Lula muitas iniciativas foram adotadas. Entre estas eu cito o aperfeiçoamento do Fundo de Desenvolvimento da Educação Básica (Fundeb), a implantação do Programa de Educação de Jovens e Adultos (EJA), o ProJovem, o ProUni, e a expansão das universidades públicas e das escolas técnicas – os Centros de Formação e Educação Técnica (Cefets).

São avanços muito importantes, mas ainda devemos à nossa juventude um verdadeiro programa para seu desenvolvimento. Apesar da importância da criação de 11 milhões de empregos nesses últimos 6,5 anos de administração Lula e dos avanços nesse período na área da educação, os jovens brasileiros ainda esperam dos governos uma resposta a suas esperanças e seus sonhos.

O compromisso brasileiro com o clima

Blog do Noblat, 18 de dezembro de 2009

Há quinze dias, escrevi neste mesmo espaço que o Brasil teria papel decisivo na COP-15 (Conferência Mundial de Clima das Nações Unidas), em Copenhagen. Entre outras razões, porque é atualmente interlocutor qualificado internacionalmente e porque tem se destacado no debate ambiental. A delegação brasileira, coordenada pela ministra Dilma Rousseff, terá que se desdobrar, pois não se vislumbra ainda um acordo na conferência.

Escrevo antes do término do encontro, em um momento tenso. Mas há clara divisão entre os países desenvolvidos, que não abrem mão de interesses, e os países em desenvolvimento, que buscam financiamento para suas ações ambientais.

Apesar das muitas incertezas, existe luz no fim do túnel, a partir das propostas sensatas do grupo ao qual o Brasil faz parte. Trata-se do Basic, composto ainda por África do Sul, Índia e China e que representa 77 países em desenvolvimento.

José Dirceu

Em seu discurso na COP-15, Lula conclamou as nações ricas a colocarem o planeta acima de seus interesses econômicos. "As fragilidades de uns não podem servir de pretexto para o recuo ou vacilações de outros. Não é politicamente racional, nem moralmente justificável colocar interesses corporativos e setoriais acima do bem comum da Humanidade", disse.

Lula lembrou as qualidades do Brasil, que tem 85% da energia elétrica gerada em hidrelétricas, 47% renovável, e é pioneiro na produção do biocombustível. Esse é o caminho no qual devemos investir: matriz energética renovável e combustíveis ecológicos. Reforçou ainda as metas brasileiras até 2020: redução do desmatamento da Amazônia em 80%, corte entre 36,1% e 38,9% das emissões de CO_2 e investimento de US$ 166 bilhões (US$ 16,6 bilhões por ano) na luta contra a mudança climática. Desse montante, 80% irá para a construção de hidrelétricas.

A meta brasileira é voluntária e anterior à conferência. É um estímulo às demais nações e um "compromisso que assumimos com a nação brasileira e com o mundo", nas palavras de Lula.

Mas a COP-15 terá sido realmente positiva se houver compromisso das nações ricas com apoio tecnológico e financeiro aos países pobres. Isso é fundamental no debate, porque os países hoje desenvolvidos são os maiores responsáveis pelas causas do problema em escala mundial.

Nada mais justo que assumam a maior parcela de responsabilidade e ajudem os demais a crescer sem agressões ao meio ambiente, além de fixar metas de redução de gases estufa. É, inclusive, o que defende o Banco Mundial (Bird).

Por isso, é grave a pretensão dos países ricos de repartir em fatias praticamente iguais com as nações em desenvolvimento o fundo de combate ao aquecimento global, que deve ter, em 2030, cerca de US$ 200 bilhões como valor desejável para seu pleno funcionamento (segundo a ONU).

Essa proposta é inaceitável para o grupo Basic e amplia o impasse na conferência. Por isso, recebeu queixa-denúncia da ministra Dilma Rousseff, que cobra envolvimento maior das nações em desenvolvimento.

As observações de Dilma contrastam com o que defendem os presidenciáveis da oposição, o governador José Serra (PSDB) e a senadora Marina Silva (PV-AC).

Ambos insistem que o Brasil deve entrar com pelo menos US$ 1 bilhão no fundo. Ou seja: o que o mundo rechaça em Copenhagen, a oposição do Brasil aceita e defende. É o que fariam se estivessem no governo? Aceitariam o inaceitável? Além disso, esquecem que o Brasil já comprometeu US$

José Dirceu

5 bilhões em ajuda tecnológica e financiamento a países da África e da América Latina.

Qualquer que seja o resultado da conferência, mais uma vez o Brasil estará na vanguarda com suas metas. Na condição de primeiro colocado no ranking de combate à mudança climática da ONG Germanwatch e da rede Climate Action Network (CAN) – à frente de Suíça, Alemanha e Noruega –, o Brasil mostra ao mundo que está comprometido com o combate ao aquecimento global.

Espero que a COP-15 consiga avançar em relação ao Protocolo de Kyoto e envolver as nações ricas com investimento nos países em desenvolvimento e com metas de redução de CO_2.

É o caminho mais justo e o melhor para o mundo.

Respeito aos educadores

Blog do Noblat, 02 de abril de 2010

Os brasileiros têm a oportunidade de ver de perto como se comporta o PSDB no governo. Engana-se quem pensa que vou mencionar o descalabro na cidade de São Paulo, herança que o governador José Serra deixou para os paulistanos após abandonar a prefeitura para disputar o governo do Estado. Não cabe aqui igualmente discutir o caos no trânsito que provoca perdas milionárias à economia, nem o fato de que São Paulo não pode mais receber chuva porque alaga e para. Esses são problemas para um outro debate.

O momento pede urgência para uma área que impacta diretamente no futuro do país: a educação.

A realidade em São Paulo é que os professores ganham pouco e não receberam a reposição da inflação nos últimos anos. Sem uma sinalização do governo Serra – cujo secretário de Educação é Paulo Renato Souza, ex-ministro de Fernando Henrique Cardoso –, os professores decidiram, há quase um mês, paralisar suas atividades e pedir reajuste salarial de 34,3%.

O que faria um governante comprometido com a Educação no lugar do governador? Algumas respostas são possíveis, mas tenho certeza de que nenhuma inclui a opção "agressão aos manifestantes pela Polícia Militar". É de estarrecer, mas foi isso o que aconteceu sob o olhar de Serra. Prevaleceu a truculência ao diálogo.

Se o governador acha injusta a reivindicação, se discorda da greve, se tem argumentos para apresentar, que recebesse os representantes e os demovesse da paralisação. Ou que chegasse a um acordo por reajuste menor. Um governante, qualquer que seja o cargo que ocupa, deve ter condições de dialogar com a população, com os funcionários públicos, com os educadores (!) e com os opositores. É tarefa própria do político.

Mas Serra se coloca na condição de inacessível e autoriza uma ação da PM extremamente despropositada, autoritária e repressiva, com contornos do regime militar.

Desde quando liberdade de expressão é motivo para apanhar da polícia? Ora, quem deseja ser presidente não pode achar que a melhor forma de lidar com 60 mil professores protestando é fingir que a greve não existe. Pior: chamar a greve de política é dar de ombros à dura realidade do professor, que todos os dias batalha para conseguir dar conta da missão que é educar.

O comportamento do governador é reincidente. Em 2008, durante a greve da Polícia Civil, recusou-se a dialogar com a categoria e empurrou a PM para o confronto com os policiais civis nas cercanias do palácio do governo do Estado! Atuou no limite da irresponsabilidade ao permitir que suas duas polícias se digladiassem em praça pública.

No entanto, além da inabilidade para negociar, a dificuldade de Serra tem uma razão oculta. Se receber os professores, terá que admitir que, ano a ano, diminui o orçamento da Educação – de 16% em 2002, foram apenas 13,8% em 2008. Terá que reconhecer que fragmentou o setor em três secretarias, ao invés de fortalecer a Educação de forma unificada. E, por trás dessas ações, esconde-se a inexistência de uma política planejada à Educação.

Há duas maneiras básicas de melhorar o sistema educacional. Investir em infraestrutura – novas escolas, bibliotecas, material escolar, uniformes, computadores. E, certamente mais importante, aplicar verbas para melhorar a qualidade – atualização do conteúdo letivo, qualificação dos professores e incremento salarial. A chave está em atuar nas duas frentes de forma complementar.

José Dirceu

Foi o que fez o PT, por exemplo, na gestão da prefeita Marta Suplicy em São Paulo, criando o CEU (Centro de Educacional Unificado). Os CEUs permitiram trazer para o interior das escolas esporte, lazer e cultura, integrando-os aos processos educativos. E transformou a dura realidade das periferias ao legar às comunidades um espaço de vivência nos finais de semana, ou seja, foi também um programa de inclusão social.

O governo Lula também atuou nas duas frentes, ao criar o Prouni e abrir 596 mil bolsas, ao construir 12 novas universidades e 79 escolas técnicas, mas igualmente ao fixar o piso salarial do professor em R$ 950. É esse o tipo de comparação que o Brasil deve fazer nas próximas eleições.

O papel do BNDES

Brasil Econômico, 29 de julho de 2010

Impressionante como proliferam certas análises econômicas que não guardam a menor relação com a realidade. Vejam o caso do BNDES (Banco Nacional de Desenvolvimento Econômico e Social). Um dos mais importantes instrumentos de fomento que o Brasil dispõe é alvo de uma saraivada de críticas.

Na base das críticas está a curiosa teoria de que os financiamentos do banco a juros abaixo da Selic (10,75%) pressionam o Banco Central a "equilibrar" o excesso de liquidez adotando o remédio do aumento da taxa básica.

Ou seja, em última análise, o BNDES colabora para criar pressões inflacionárias e força a alta dos juros. Trata-se de um sofisma extremado, afinal, o crédito ofertado tem estimulado a produção industrial, ampliando a capacidade de resposta à inflação.

O objetivo oculto das críticas é relegar ao BNDES um papel secundário, tal qual era no governo Fernando Henrique

José Dirceu

Cardoso. Com os tucanos, o banco quase foi privatizado, em 1999, quando da crise cambial.

Na época, o Brasil tomou empréstimo do FMI e, como garantia, sinalizou com "possíveis alienações de participações" do BNDES, mas também do Banco do Brasil, Caixa Econômica Federal, Banco do Nordeste do Brasil e Basa – conforme o item 18 do Memorando de Política Econômica, de 8 de março de 1999.

Nos anos FHC, o BNDES foi usado para facilitar a privatização de 46% do patrimônio nacional, via formação de consórcios para disputa dos leilões – como nos casos da Vale do Rio Doce, da Telebrás e da Rede Ferroviária Federal.

Foram R$ 15 bilhões de recursos públicos colocados pelo BNDES em privatizações somente em 1997 e 1998.

O governo Lula resgatou o papel do BNDES como instituição de fomento. Hoje, é por meio do banco que serão realizadas significativas e imprescindíveis obras de infraestrutura: hidrelétricas, indústria naval e trem-bala, por exemplo.

A média anual de desembolsos do BNDES no governo Lula (até 2009) é de R$ 83,1 bilhões e, nos últimos sete anos, foram R$ 582,2 bilhões. Para os micros, médios e pequenos empresários, foram mais de R$ 125 bilhões (21% do total).

O nível de inadimplência está em ínfimo 1%. Ademais, as fusões de empresas com financiamento do BNDES criaram companhias brasileiras competitivas no mundo inteiro. Agora, são os grupos nacionais que compram ativos lá fora, o oposto da gestão tucana.

Mas a atuação do BNDES integra uma visão mais ampla sobre o papel do Estado. No governo Lula, o Estado foi decisivo para reduzir desigualdades, criar renda e emprego e estimular a produção e o crescimento.

Talvez o exemplo máximo tenha sido o papel dos bancos públicos e do BNDES na crise econômica de 2009. A injeção de crédito permitiu manter a economia aquecida, via consumo interno, e impediu que a crise atingisse o Brasil.

Por esse conjunto de fatores, não se sustentam os argumentos contrários ao papel atual do BNDES. Afinal, ele tem sido parte importante da solução, não um problema.

O Nordeste que empurra o Brasil

Revista do Nordeste, agosto de 2010

Este é o oitavo ano da implantação de um novo paradigma de administração, com Lula e o PT à frente da Presidência da República. Historicamente um dos rincões de pobreza e sempre colocado em segundo plano, o Nordeste mostra que, com planejamento de longo prazo, investimentos em programas sociais, distribuição de renda, ampliação do crédito e retomada do papel do Estado como indutor do crescimento, pode crescer em ritmo mais acelerado que o restante do Brasil.

Desvendar esse tripé – investimento em infraestrutura, oferta de crédito e redução das desigualdades – não requer mágica. São medidas simples que revelam que, para que haja o desenvolvimento, basta iniciativa do poder público, atraindo a parceria privada, para influir diretamente na melhoria de vida da população mais carente que nunca esteve entre as prioridades nacionais como hoje.

José Dirceu

Infraestrutura

O maior exemplo de obra que alterará profundamente o Nordeste é a transposição do Rio São Francisco. O acesso à água potável – um direito humano básico, determinado pela Constituição – será uma realidade a 12 milhões de pessoas de 398 municípios de Pernambuco, Rio Grande do Norte, Bahia, Minas Gerais, Ceará e Paraíba.

Já foram feitas as contratações de doze dos catorze lotes da obra, que incluem canais, estações de bombeamento, túneis e aquedutos. O início das obras deve ocorrer ainda em 2010 para os dois canais: o Eixo Leste, de 220 km, que vai captar águas do São Francisco em Itaparica e levar às regiões agrestes de Pernambuco e Paraíba, com previsão de término para junho de 2011; e o Eixo Norte, de 400 km de extensão, que vai fazer a captação em Cabrobó e levar aos sertões de Pernambuco, Ceará, Paraíba e Rio Grande do Norte – término revisto para dezembro de 2012. O Eixo Norte já está com 37% das obras realizadas, e o Eixo Leste, com 49%.

É incrível imaginar que essa obra aguardava desde o século XIX para sair do papel. Trata-se de um meio de fomentar a agricultura familiar, responsável pela ocupação de 85% da população rural nordestina. A agricultura familiar tem encontrado espaço para crescer e se estabilizar graças a programas como o Pronaf e pelo financiamento do Banco do Nordeste (só em 2009, emprestou R$ 22 bilhões ante os R$ 262 milhões emprestados antes do governo Lula), do Banco do Brasil (que tem uma carteira de crédito de R$ 262 milhões somente ao agronegócio do Ceará, dos quais 85% destinados à agricultura familiar) e outras estatais. Fora os empregos diretos gerados pela transposição: são mais de 9 mil trabalhadores envolvidos no projeto.

Outra grande obra federal na região é a Ferrovia Transnordestina, fruto de R$ 5,4 bilhões em investimento para construir 1.700 km de linhas férreas e remodelar outros 500 km. O potencial de geração de empregos é de cerca de 70 mil diretos e, depois de concluída, 550 mil novos postos de trabalho. Isso porque permitirá maior crescimento à economia nordestina e dissolução de gargalos logísticos. A Transnordestina ligará Eliseu Martins (PI) aos portos de Pecém (CE) e Suape (PE), seguindo até Porto Real do Colégio (AL), onde se interligará à Ferrovia Centro-Atlântica. Trata-se da retomada dos investimentos no setor ferroviário, fundamental num país de dimensões continentais como o Brasil.

No curto prazo, o governo federal tem atuado na melhoria da malha rodoviária do Nordeste, com a duplicação da BR-101 ao longo de seis Estados – BA, SE, AL, PE, PB e RN. Mas há duplicação também de outras sete rodovias: na

José Dirceu

Bahia, as BRs 116, 135 e 324, de acesso ao Porto de Salvador; no Ceará, a BR 222; no Maranhão, a BR 135, de acesso ao Porto de Itaqui; na Paraíba, a BR 230, que liga João Pessoa a Campina Grande; e no Piauí, a BR 135, que está sendo pavimentada. Em Pernambuco, há ainda obras de acesso rodoferroviário ao Porto de Suape.

Esse salto nos transportes integra o pacote de investimentos elaborados no PAC (Programa de Aceleração do Crescimento), que recebe apoio do BNDES (Banco Nacional de Desenvolvimento Econômico e Social). O investimento em obras no Nordeste, por parte do banco de fomento, cresceu 196% entre 2009 e 2010. Foram beneficiadas, também, as obras do Complexo Portuário de Suape (PE), do Porto de Pecém (CE) e da Usina Hidroelétrica do Estreito (MA e TO), entre outras. É importante citar as obras do PAC de recursos hídricos na região, melhoria do saneamento, abertura de novas frentes de energia limpa, otimização dos recursos naturais (via termelétricas, refinarias e siderúrgicas) e transformação das capitais de Recife, Fortaleza e Salvador com a construção do metrô – que atendem as necessidades da Copa do Mundo de 2014. Há obras do PAC nos Portos de Aratu (BA), Fortaleza (CE), Itaqui (MA) e no terminal salineiro de Areia Branca (RN); e nos aeroportos de Salvador e Ilhéus (BA) e Natal (RN), além de novos terminais de passageiros em Recife (PE), Parnaíba (PI), João Pessoa (PB, já concluída) e Fortaleza (CE, com novo terminal de cargas). Complementarmente, o PAC 2 (Programa de Aceleração do Crescimento segunda fase) prevê modificar a vida nas grandes cidades, com R$ 1,59 trilhão em projetos de transportes, habitação, energia e saneamento.

São passos decisivos para que a região seja um polo competitivo de exportação. A pujança da produção e do consumo já é realidade: a indústria cresceu 19,9%, entre maio de 2009 e maio de 2010. Em São Paulo, o crescimento foi de 12%. Comparando o consumo, o mercado no Nordeste avançou 4%, contra 2,9% da Grande São Paulo e retração de 0,7% no interior paulista, de março de 2009 a março de 2010.

Vetor social

Graças à alta no consumo o Brasil foi um dos países que melhor enfrentou a crise econômica. A causa direta desse fenômeno é aquele que pode ser considerado o mais importante legado do governo Lula: os programas sociais. O dinheiro na mão do trabalhador por meio do programa Bolsa Família e da política contínua de valorização do salário mínimo e dos benefícios da previdência fizeram com que 20 milhões de pessoas abandonassem a situação de pobreza extrema e que 30 milhões ingressassem na classe média. Tais incrementos na renda da maioria dos municípios do Nordeste foram decisivos para que a roda da economia se fortalecesse por meio do mercado interno.

Programas como "Luz Para Todos", que já chegou a 5,5 milhões de pessoas no Nordeste, e "Minha Casa, Minha Vida", que dará um lar a 1 milhão de brasileiros até o final de 2010 – ambos idealizados pela ministra Dilma Rousseff – também são importantes para o pequeno agricultor, para o micro e pequeno empreendedor e para as famílias, pois abrem novas possibilidades de melhoria de negócios e da qualidade de vida, inclusive de seus cuidados com a saúde e do acesso à educação.

Esse é um ponto-chave. Não basta apenas aumentar o acesso às tecnologias e o poder aquisitivo: é por meio de investimento maciço na educação básica (dos R\$ 5,2 bilhões previstos para o Fundeb em 2010, R\$ 4 bilhões são para o Nordeste) e superior (o número de vagas nas universidades federais dobrou entre 2003 e 2008, e o Pró-Uni já atende mais de 12 mil alunos só no Nordeste) que a região pode se modernizar. Somados à expansão do ensino médio, da multiplicação de escolas técnicas – ETFs (Escolas Técnicas Federais) e Cefets (Centros Federais de Educação Tecnológica) – e da oferta de bolsas do Pró-Uni, o Nordeste passa a reunir condições de dar um salto educacional capaz de qualificar as crianças e jovens, preparando-os para um mercado de trabalho em desenvolvimento na região.

Importante lembrar que o Produto Interno Bruto per capita do Nordeste é metade do nacional – cerca de US$ 7,5 mil –, mas, mantido o atual ritmo de crescimento, pode alcançar a paridade em dezesseis anos, de acordo com estudo do Banco do Nordeste. É um dado relevante: se seguirmos o rumo atual, podemos corrigir, em menos tempo do que imaginamos, a injustiça histórica legada por governos anteriores à região.

A oportunidade de ouro passa por criar condições para manter fortalecido o turismo nordestino, mas principalmente por investir no fortalecimento da produção local, em infraestrutura e logística, diminuição das desigualdades sociais e educação de qualidade. O governo Lula conseguiu criar as bases para esse novo Nordeste em ascensão. É preciso agora tomar as decisões certas para continuar mudando.

Mudanças climáticas
e o jogo de poder

Blog do Noblat, 17 de dezembro de 2010

O comportamento das nações desenvolvidas no debate sobre as mudanças climáticas embute certo componente insólito. Se a única certeza que todos temos é a de que nosso futuro como Humanidade fica frágil toda vez que deixamos de tratar o tema com a urgência necessária, como podem os países ricos bloquear medidas de contenção ao aquecimento global?

Infelizmente, a excentricidade das nações desenvolvidas, com EUA à frente, oculta o rearranjo de poder em uma nova ordem global ainda em formação. Um mundo em que, evidentemente, os países em desenvolvimento surgem como atores internacionais atuantes e de peso. Assim, o que buscam é tentar diminuir o avanço de China, Índia e – claro! – Brasil nessa reorganização.

No caso dos EUA, as gigantes petroleiras, que auferiram altos lucros com as recentes investidas militares no Afeganistão e Iraque, estão por trás dos obstáculos criados.

Uma atitude esperada, já que a nova economia limpa tende a excluí-las do mercado de combustíveis. Barrar o avanço de medidas que, em último caso, podem garantir a existência da vida na terra é, na verdade, a maneira que os EUA encontraram para ganhar tempo e se recolocar no tabuleiro de poder internacional.

Felizmente, e de forma surpreendente, a COP-16 (Conferência Mundial de Clima das Nações Unidas), em Cancún (México), encerrou-se com a criação do fundo de US$ 100 bilhões para combater mudanças climáticas nos países em desenvolvimento, a manutenção do Protocolo de Kyoto – que vem sendo desrespeitado pelos EUA – e a adoção de mecanismos para compensar os países tropicais pela redução do desmatamento.

Nada mais justo, posto que as nações desenvolvidas têm maior responsabilidade nos efeitos climáticos negativos que vivenciamos – juntos, China e EUA jogam na atmosfera 40% dos gases estufa do planeta –, além de condições mais adequadas para frear o processo de aquecimento global. Em outras palavras, a estratégia de resolução desse problema deve ser colegiada e, inicialmente, voltada aos países mais pobres e em desenvolvimento.

A professora de Engenharia de Transportes da UFRJ (Universidade Federal do Rio de Janeiro) Suzana Kahn Ribeiro, que participou da COP-16, considerou ao jornal O Globo

(13/12) que a semente dos avanços conquistados no México foi plantada um ano antes, na COP-15, em Copenhague (Dinamarca).

A dificuldade de se chegar a um acordo, a profusão de interesses particulares colocados acima dos coletivos e o comportamento dos representantes dos países fizeram a COP-15 terminar com sabor de derrota. Mas permitiu o amadurecimento do debate e novas rotas de negociação para que passos importantes fossem dados agora, em Cancún – China e Índia, por exemplo, amenizaram suas posições em relação a Copenhague.

Sem dúvidas, o papel do Brasil foi crucial. Há um ano, com a participação do presidente Lula e de Dilma Rousseff, apresentamos metas voluntárias até 2020: redução do desmatamento da Amazônia em 80%, corte entre 36,1% e 38,9% das emissões de CO_2 e investimento de US$ 166 bilhões (US$ 16,6 bilhões por ano) na luta contra a mudança climática. Em 2010, mantivemos nossos compromissos e, segundo Suzana Ribeiro, isso foi "fundamental porque deu um sinal a outros países da disposição para combater as mudanças climáticas".

A ministra do Meio Ambiente, Izabella Teixeira, colaborou nesse processo, ao anunciar que o Brasil havia assinado um decreto que regulamenta a Política Nacional de Mudanças Climáticas – um roteiro da política que seguiremos setorialmente para reduzir a nossa poluição. Somos o primeiro país a formalizar esse compromisso.

O término da COP-16, com passos concretos de combate ao aquecimento global, facilita que os países planejem de forma mais detalhada suas metas regionais e locais. No Brasil, teremos clareza para onde estamos caminhando e poderemos cobrar mais incisivamente os governadores e prefeitos das grandes cidades.

Além de sermos o primeiro país a se comprometer com medidas climáticas, o que nos favorece no novo ordenamento mundial que passará pela economia verde é nosso inestimável potencial energético. Com 85% de energia hidrelétrica, 47% renovável e pioneiro em biocombustíveis, o Brasil está na vanguarda.

Ao contrário do que muitos podem afirmar, a descoberta de petróleo na camada do pré-sal antes de ser um empecilho a esse papel de liderança nas matrizes energéticas limpas, é uma possibilidade real de construirmos um modelo sustentável.

Afinal, se os combustíveis fósseis ainda serão por muitos anos as principais fontes energéticas em uso, nosso país tem a chance de voltar os recursos do pré-sal à consolidação da matriz energética renovável e à produção de combustíveis ecológicos, as fontes do futuro. A palavra-chave é uma só: equilíbrio.

Capítulo 4

Comunicação e mídia

TV pública e cidadania

Jornal do Brasil, 17 de maio de 2007

Quebra de paradigma. É isso que representou, para a comunicação eletrônica de massa no Brasil, a realização, na semana passada, do 1º Fórum Nacional das TVs Públicas, organizado pelo Ministério da Cultura. Pela primeira vez, em décadas, o país enfrentou abertamente uma discussão, de fundamental importância para a sociedade e para a democracia, que a grande mídia sempre tentou varrer para debaixo do tapete, sob o argumento fácil e falso da defesa da liberdade de imprensa.

Liberdade de imprensa e de acesso à informação e à cultura é oferecer ao telespectador diferentes visões para que ele possa fazer suas opções e formar sua opinião. Nada contra a TV comercial. Ela tem papel importante na sociedade e mesmo na integração nacional. "A TV captou e foi ela própria lugar de negociações e mudanças na sociedade brasileira", escreveu o ministro Gilberto Gil, no Caderno de Debates, que reuniu um conjunto de textos preparatórios

José Dirceu

à realização do Fórum. Mas a TV comercial aberta, como o nome diz, é uma atividade que visa o lucro, sustentada pela publicidade que, por sua vez, tem relação direta com a aferição da audiência. O Brasil, que percorreu um caminho inverso ao de muitos países, onde a TV pública antecedeu à comercial, precisa construir uma rede pública de televisão forte, como fator de equilíbrio da sociedade.

Ao contrário da TV comercial, a TV pública não visa o lucro e não pode ter na audiência o principal parâmetro para a definição de sua programação, embora tenha que oferecer programas de qualidade que cativem o público e a levem a ampliar sua audiência. Sua função, como afirma o manifesto divulgado no encerramento do Fórum, é a formação crítica do indivíduo para o exercício da liberdade e da cidadania. Para isso, tem de ser independente e autônoma em relação a governos e ao mercado. E deve ser instrumento de universalização dos direitos à informação, à comunicação, à educação, à cultura.

A realização do Fórum, dois meses após o governo anunciar a criação da Rede Nacional de TV Pública, cujo embrião será montado a partir da fusão da Radiobrás com a TVE do Rio e do Maranhão, deu nova relevância ao evento. Tanto que o manifesto traz uma série de recomendações sobre essa nova rede pública. Por exemplo, que seja instrumento

Tempos de Planície

de ampliação e fortalecimento, de maneira horizontal, das redes já existentes; que esse processo seja parte da construção de um sistema público de comunicação; e que a União tenha participação efetiva em um amplo programa de financiamento para a produção de conteúdos audiovisuais.

A decisão do governo Lula de tirar a TV pública da posição subalterna que sempre ocupou e dar a ela status de política de governo foi confirmada nesse Fórum. De sua abertura, participaram quatro ministros. E seu encerramento contou com a presença do próprio presidente da República.

Não importa que a mídia tenha dado reduzido espaço à cobertura do Fórum. Isso só revela a sua pequenez e incapacidade de debater o seu próprio papel e o da comunicação social. O país será diferente depois dessa importante discussão e da criação da nova rede pública de TV. É claro que a tarefa de transformar as TVs públicas do país em agentes da formação crítica do cidadão é complexa. Terão que ser superados muito obstáculos – como a profissionalização das equipes, a integração das redes, a construção de grade de programação de qualidade, a modernização técnica das emissoras – e muitas deformações – como o empreguismo, a partidarização, a dependência.

Mas, pela primeira vez, o desafio começa a ser enfrentado como uma política pública, definida num momento de migração da tecnologia analógica para a digital, o qual oferece uma oportunidade única para o fortalecimento da TV pública no país. Com a digitalização, é possível multiplicar pelo menos por quatro o número de canais na mesma faixa de espectro, abrindo espaço para mais emissoras públicas, e para que aquelas que estão confinadas na TV por assinatura, que é paga, passem a ser abertas.

Pela liberdade na rede

Jornal do Brasil, 10 de julho de 2008

Circula na internet um abaixo-assinado contra o substitutivo do senador Eduardo Azeredo (PSDB-MG), que prevê punição a quem transferir informação disponível em rede de computadores sem autorização. O abaixo-assinado, encabeçado por acadêmicos e militantes das redes sociais da internet e do software livre, deixa claro que não é a favor do plágio, da cópia indevida ou do roubo de obras. Mas esclarece que, ao tentar proteger os direitos autorais e a privacidade dos dados em redes de computadores, o substitutivo do senador poderá representar um profundo golpe no que é a própria essência da internet: a liberdade, a criatividade, a disseminação do conhecimento.

O que ocorre é que o texto proposto considera crime "obter ou transferir dado ou informação disponível em rede de computadores, dispositivo de comunicação ou sistema informatizado, sem autorização ou em desconformidade à autorização, do legítimo titular, quando exigida". Isso vai significar que simples tarefas, como acessar um site para copiar um texto na memória temporária do computador, sem a devida autorização, poderia vir a ser considerado crime.

É claro que o objetivo do legislador não é impedir o acesso à rede, mas a proteção aos direitos autorais na internet – que até hoje ninguém descobriu como fazer, sem invasão da privacidade e estabelecimento de "fiscais" do conteúdo baixado ou trocado –, pode desencadear ações indesejadas de repressão ao compartilhamento da informação, transformando boa parte dos internautas em réus sem crime.

Chamo a atenção para as graves consequências de uma legislação restritiva do uso da informação na internet, como essa em discussão no Congresso, pois não se trata de iniciativa isolada. Ela se insere em um movimento cada vez mais forte da indústria tradicional, tanto das comunicações como da cultura, contra o livre uso da internet para downloads e compartilhamento de conteúdos culturais.

A internet, por ser uma rede das redes, permite a troca do conhecimento, a formação de novas redes, reduzindo distâncias geográficas e desigualdades, criando novas oportunidades para os países pobres e em desenvolvimento. Ou seja, as características intrínsecas da internet tendem a acabar, numa velocidade difícil de se prever, com a cadeia de intermediação dentro da rede. E esse é o motivo essencial

Tempos de Planície

da virulenta reação ao livre trânsito de informação dentro da internet, especialmente as chamadas redes P2P (par a par), onde a intermediação é praticamente eliminada. Nessas redes cada computador deixa de ser só um receptor da informação para ser também servidor de arquivos. O efeito em cadeia desse fenômeno é que quanto mais computadores baixam um arquivo, mais rapidamente ele é baixado porque não está saindo de um servidor só, mas de todas as máquinas que o contêm.

Assim, as redes P2P estão caindo como uma bomba sobre a indústria tradicional de intermediação cultural que tem visto despencar as vendas de CDs e DVDs tradicionais – queda de 31,2% no faturamento no Brasil, entre 2007 e 2006, não computadas as vendas digitais. É claro que estamos diante de um fenômeno que exige o desenho de um novo modelo de negócio para a indústria cultural digital, cujos contornos não estão claros. Daí o medo e a reação da indústria tradicional.

A expressão mais grave desse movimento contra a liberdade na internet partiu da França de Sarkozy. Ela aprovou uma legislação que impede o livre compartilhamento de arquivos, viola a privacidade e obriga os provedores de internet a atuarem como forças policiais para fiscalizar o que os

José Dirceu

seus clientes estão fazendo na internet, que arquivos estão acessando, trocando, compartilhando.

Não podemos reagir aos desafios do desconhecido com medidas generalistas e policialescas que, se amplificadas, poderão nos conduzir ao pior dos mundos – com o cidadão eternamente sob vigilância quando estiver na internet. Temos que enfrentar os desafios do desconhecido com criatividade e determinação de extrair dos novos modelos de negócio os maiores benefícios para a sociedade.

Prioridade para o PL 29

Blog do Noblat, 20 de novembro de 2009

É excelente notícia a perspectiva de aprovação, pela Câmara dos Deputados, do Projeto de Lei 29/2007, que unifica a legislação da TV paga no país, abre o mercado à participação das operadoras de telecomunicações e cria cotas de proteção ao conteúdo nacional.

Afinal, há mais de dois anos o tema vem sendo discutido no Congresso, e o atraso na aprovação desse projeto tem reflexos no avanço da convergência tecnológica no país, na falta de popularização da TV paga, ainda limitada às classes A e B, e até no represamento de investimentos privados em redes de telecomunicações mais modernas, como a de fibra ótica.

Tão ou mais importante do que isso é o fato de o PL 29 abrir novas redes para a distribuição de conteúdo audiovisual nacional, ampliando os canais de acesso para os produtores independentes, hoje, restritos ao funil de entrada dos controladores do mercado.

José Dirceu

Um avanço importante na valorização do audiovisual nacional é a política de cotas obrigatórias de exibição de audiovisuais nacionais com garantia de espaço para os produtores independentes, que deve ser aliada ao fomento à produção por meio da transferência de 11% dos recursos do Fistel (Fundo de Fiscalização das Telecomunicações) para o Fundo Nacional do Cinema.

Embora tenha recuado na política de cotas, o relator atual do PL 29 na Comissão de Ciência e Tecnologia da Câmara, deputado Paulo Henrique Lustosa (PMDB-CE), conseguiu produzir um texto mais simples e objetivo e, assim, obteve consenso entre os segmentos envolvidos – operadoras de telecomunicações, radiodifusores, empresas de TV paga e produtores nacionais de conteúdo audiovisual.

O projeto, que deve ser votado na Comissão neste mês, também tem o mérito de enterrar a pretensão dos radiodifusores de transferir seu modelo de negócios para a Internet. As regras estabelecidas para a TV paga são as mesmas, independentemente da rede utilizada (cabo, transmissão por rádio, por satélite, Internet).

Construído o consenso em torno do tema, é fundamental, agora, que a tramitação do PL 29 seja acelerada na Câmara e que ele chegue ainda este ano ao Senado.

Embora 2010 seja ano eleitoral, a aprovação do texto tem que fazer parte da lista de prioridades do governo e da base aliada. Portanto, se não houver tempo hábil ainda em 2009, sua aprovação deve acontecer na abertura dos trabalhos legislativos do ano que vem.

É preciso entender que o PL 29 não é bom só para as telefônicas, que vão poder operar no mercado de TV a cabo do qual estão alijadas. Representa um passo, não decisivo, mas importante, em direção à democratização da distribuição dos conteúdos audiovisuais no país.

E isso é importante não só para a cultura, mas para a democracia. Representa uma cunha nos monopólios de distribuição filmes, documentários e outros produtos audivisuais. E vai permitir a popularização da TV paga, com a queda do preço das assinaturas, em função da concorrência. Hoje, o Brasil conta só com 6,9 milhões de assinantes.

O fato de o relator do PL 29 ter eliminado as restrições na Internet propostas pelos radiodifusores não significa que o tema tenha saído da pauta dos donos de emissoras.

Trata-se de uma pretensão que, longe de proteger a cultura nacional como justificam, vai cercear a liberdade na rede. A Internet, ao contrário do espaço radioelétrico utilizado para radiodifusão, não é um bem escasso.

José Dirceu

Não tem barreira de entrada. Quem quiser produzir um site ou um blog pode fazê-lo, sem pedir licença a quem quer que seja. Assim, o problema não é de acesso, mas sim garantir a audiência.

Por isso, temos que estar atentos contra todas as iniciativas de controle da Internet, que precisa é de uma legislação que garanta os direitos do cidadão.

E esse marco legal, colocado em consulta pública pelo Ministério da Justiça, tem de assegurar a privacidade, a liberdade de comunicação, o acesso universal, a neutralidade da rede (ou seja, seu tráfego não pode ser limitado), para que a Internet continue sendo um espaço global libertário.

Banda larga na agenda nacional

Brasil Econômico, 27 de maio de 2010

O principal mérito do Plano Nacional de Banda Larga – que tem investimentos de R$ 13 bilhões e cujo objetivo é ampliar em 27 milhões os acessos à Internet até 2014 – é ter colocado o tema na agenda de prioridades do país. Banda larga é a infraestrutura do futuro e assim vem sendo tratada nos países desenvolvidos e nos demais em desenvolvimento. O Brasil não podia mais adiar essa discussão.

O que o governo Lula apresentou à sociedade foram diretrizes e metas de um plano em construção. A implantação sairá da mesa de negociações de governo, operadoras, provedores de Internet, indústria e sociedade civil. Na pauta, estão em debate a infraestrutura, as metas de atendimento e os mecanismos para serem atingidas – desoneração fiscal, linhas de financiamento do BNDES (Banco Nacional de Desenvolvimento Econômico e Social), uso dos recursos de fundos setoriais e política industrial. Há ainda a política de

José Dirceu

desenvolvimento de conteúdos, especialmente de educação, saúde e serviços.

A insistência de alguns segmentos em centrar a discussão na reativação da Telebrás mostra uma visão distorcida. A Telebrás é peça importante, pois, com o backbone de fibras ópticas, o governo terá condições de ampliar a infraestrutura e criar competição na oferta de capacidade de rede (links), baixando os preços. Mas não vai haver competição com a iniciativa privada na oferta do serviço à população. Bombardear, como faz a oposição, a reativação da Telebrás, que também cuidará da rede intra-gov federal, é um desserviço ao desenvolvimento da banda larga no país, pois sem a estatal reduz-se a infraestrutura de fibras à disposição da iniciativa privada. Afinal, o backbone a ser gerido pela Telebrás, com as fibras da Eletronorte, de Furnas, da Petrobras e da Eletronet que foram devolvidas pela Justiça à Eletrobrás, terá 31 mil km que não podem ficar improdutivos.

Alegar que há interesse em reestatizar o setor é diversionismo. Todos sabem, a começar pelos controladores e executivos das teles, que, sem as concessionárias, sem as operadoras antigas e novas, não é possível construir o PNBL, tarefa que terá a participação também dos pequenos provedores de Internet espalhados pelo país – atores importantes pela sua capilaridade e modelo de negócio focado nas pequenas cidades.

Tempos de Planície

Portanto, é hora de sentar à mesa e iniciar as negociações, com espírito de colaboração e vontade de construir consensos, onde todos ganham, mas também cedem. As concessionárias e demais operadoras que disputam esse mercado vão ter de buscar novas soluções e modelos de negócios para ofertar o acesso de banda larga a preços acessíveis. Não basta pedirem desoneração fiscal. A indústria nacional necessita ganhar competitividade, para se beneficiar das medidas propostas. E o governo vai ter que dar a contrapartida ao esforço da iniciativa privada, com desoneração fiscal, uso dos fundos públicos e linhas de financiamento. Para ser um jogo de ganha-ganha, a construção do PNBL tem que ser um projeto de todos.

É preciso avançar na regulação

O Globo, 02 de dezembro de 2010

A realização do Seminário Internacional Comunicações Eletrônicas e Convergência de Mídias, nos dias 9 e 10 de novembro, em Brasília, tem uma importância que vai muito além das exposições apresentadas por reguladores e especialistas de países como França, Inglaterra, Portugal, Espanha, Estados Unidos e Argentina, de organismos como Unesco e União Europeia e dos debates ocorridos. O encontro serviu para jogar uma pá de cal na confusão – real para alguns poucos, conveniente para muitos – que a mídia brasileira pretende impor à sociedade entre o estabelecimento de um marco regulatório moderno para os meios de comunicação e a ameaça à democracia e à liberdade de imprensa.

O seminário revelou o que estudiosos, especialistas e aqueles que acompanham o que ocorre no mundo na área da mídia já sabiam. Todos os países desenvolvidos têm seu marco regulatório da mídia, com regras para a promoção da

José Dirceu

pluralidade, diversidade cultural nacional e regional e imparcialidade jornalística; para a proteção da privacidade e das crianças e adolescentes (contra a violência e as drogas); para a garantia do direito de resposta dos cidadãos em casos de injúria, calúnia ou simplesmente informações erradas; para o combate à discriminação.

Em 2008, o Parlamento Europeu aprovou uma diretiva, longamente debatida, com o objetivo de atualizar o marco regulatório de seus países-membros frente ao fenômeno da convergência das mídias. Seu objetivo, como destacou Harald Trettenbein, diretor adjunto de Políticas de Audiovisual e Mídias da Comissão Europeia, é "promover a diversidade cultural europeia, garantir a circulação de conteúdo plural e estimular a competitividade da indústria audiovisual". Assim, rádios e TVs dos países-membros estão obrigados a veicular produção independente e conteúdo europeu, e o tempo máximo de publicidade que podem veicular é de 20% da grade.

Também para garantir a pluralidade de opiniões, há regulamentações, como a dos Estados Unidos, para ficar num exemplo, que limitam a propriedade cruzada e a concentração do controle dos meios de comunicação nas mãos de alguns poucos grupos econômicos.

Tenho defendido o fomento à livre concorrência nos meios de comunicação, muito especialmente na rádio e na

Tempos de Planície

televisão, que são concessões públicas, pois a livre concorrência é fundamental para que os cidadãos tenham acesso a diferentes fontes de informação e possam, assim, formar o seu juízo a respeito dos fatos, debates, propostas e polêmicas.

Como bem disse o professor e jornalista Venício A. de Lima, no artigo "Marco regulatório vs. Liberdade de imprensa", "regular a mídia é ampliar a liberdade de expressão, a liberdade de imprensa, a pluralidade e a diversidade. Regular a mídia é garantir mais – e não menos – democracia. É caminhar no sentido do pleno reconhecimento do direito à comunicação como direito fundamental da cidadania".

Temos uma legislação atrasada na radiodifusão, dos anos 1960, e até hoje não regulamentamos dispositivos fundamentais da Constituição de 1988, estabelecidos em seus artigos 221 e 222, para garantir a efetiva democracia na comunicação social. Não resolvemos ainda esses desafios e já temos outros pela frente decorrentes da convergência das mídias.

É preciso se preparar para o futuro, como alertou o ministro Franklin Martins, na abertura do seminário: "Cada vez mais as fronteiras entre radiodifusão e telecomunicação vão se diluindo. Em pouco tempo, para o cidadão, será indiferente se o sinal que recebe no celular ou no computador vem da radiodifusão ou das teles. A convergência de mídia é um processo que está em curso e ninguém vai detê-lo. Por

José Dirceu

isso, é bom olhar pra frente, este é o futuro. E regular esta questão será um desafio, porque sem isso não há segurança jurídica nem como a sociedade produzir um ambiente onde o interesse público prevaleça sobre os demais".

A importância do seminário foi qualificar o debate público, afastando o fantasma, criado pelos que querem defender seus privilégios, de que regular a mídia é atentar contra a liberdade de imprensa. O legado do governo Lula nessa área foi abrir a discussão, enfrentar as resistências e preparar um anteprojeto de regulação da mídia que terá que ser levado em frente pelo governo da presidenta Dilma Rousseff e pelo Congresso Nacional.

O debate da democratização da comunicação social, iniciado com a 1ª Conferência Nacional de Comunicação, realizada em dezembro de 2009, está colocado. É preciso avançar e construir um marco regulatório que existe, como lembrou Wijayananda Jayaweera, diretor da Divisão de Desenvolvimento da Comunicação da Unesco e um dos palestrantes do seminário, "para servir ao interesse público, e não necessariamente ao interesse dos radiodifusores. (Ele) deve garantir a pluralidade e promover a diversidade de ideais, de opiniões, de vozes numa sociedade".

Democracia e regulação de mídia

Revista Interesse Nacional, janeiro de 2011

Desde a promulgação da Constituição de 1988, que demarca em definitivo a suplantação do Regime Militar e a instituição de um novo conjunto de princípios e valores legais que norteiam a refundação da democracia brasileira, nosso país vem galgando, passo a passo e sucessivamente, o amadurecimento de suas instituições. Nesse recente processo de pouco mais de duas décadas, não raro identificamos momentos em que a "velha ordem", por assim dizer, anacronicamente se manifesta. Mas é indubitável que tais obstáculos não constituíram empecilhos à consolidação de nossa democracia. Aliás, diga-se, é o que se espera do desenvolvimento dos processos históricos, em que o ciclo em derrocada já embute as forças irrefreáveis da ordem vindoura, que, por sua vez, não extingue de imediato todos os sustentáculos da etapa anterior.

José Dirceu

Nesse sentido, a auspiciosa e inescapável conclusão é que, nos dias de hoje, a democracia brasileira se apresenta significativamente mais vivaz, robusta e dinâmica do que há 25 anos. Recentemente, no governo do presidente Luiz Inácio Lula da Silva, esse processo se acentuou, com a adoção de medidas e a aprovação de arcabouços legais capazes de transformar nosso país a ponto de ter início, de fato, a experimentação do nosso tão prometido novo patamar de desenvolvimento socioeconômico. O Brasil projetou-se internamente e para o mundo como uma nação atraente porque se tornou bem-sucedida no enfrentamento de graves problemas sociais como a fome, a miséria, o desemprego e a estagnação do crescimento econômico, descortinando um novo conjunto de desafios igualmente importantes, mas inicialmente menos urgentes há uma década. Foram as políticas desse período Lula que nos possibilitaram avançar no caminho do incremento de nossa democracia, valorizando-a.

Interesses que alimentam quimeras

A despeito desse avanço democrático, difunde-se, com frequência, a nebulosa tese de existência de riscos à liberdade de imprensa e, por conseguinte, à democracia. O argumento a que se apegam é o da intenção do governo em regulamentar o setor de comunicações,[1] carente de tal

Tempos de Planície

iniciativa desde que o Supremo Tribunal Federal derrogou a antiga Lei de Imprensa, assinada pela Junta Militar que governou o país em 1969, e, especialmente, a partir da nova Carta Constitucional que orienta o Poder Legislativo a aprovar leis federais para o setor. Não por acaso, os que alimentam tais suspeitas de temores antidemocráticos são justamente muitos daqueles que, por vias diversas e obtusas, apoiaram e colaboraram com o Regime Militar – este, sim, por ilegítimo e ditador, supressor da democracia e de todas as liberdades individuais, inclusive a de imprensa. Sob um prisma mais amplo, fazem-no porque, com o avanço da caminhada democrática no Brasil, em que, progressivamente, os direitos e o exercício da cidadania deixam de apenas adornar o rol de avanços das leis e passam a se tornar realidades cotidianas, enterram-se os últimos estertores da "velha ordem"; sob o olhar específico do setor de comunicações, buscam manter intocados seus quinhões preservados há décadas e que se encontram ameaçados pelo avanço da "nova ordem" democrática. Não pretendem, em suma, ver sucumbir suas derradeiras expectativas de dominação sobre os rumos políticos e econômicos da nação.

O propósito dos avanços democráticos – experimentados especialmente na última década de inclusão de grandes massas de outrora miseráveis no acesso a bens e direitos básicos a

José Dirceu

uma vida minimamente digna, o que é, inclusive, determinado em nossa Constituição – é o de substituir os mecanismos que favorecem o controle e a dominação dos meios econômicos por instrumentos que estimulem a ampliação da participação social nos mais diferentes ramos da economia. À medida que essa substituição se avizinha, aumentam os ataques dos antes detentores dos mecanismos de domínio contra os atores políticos – notadamente, no caso das comunicações, o Governo Federal – que se articulam para aprovar os novos instrumentos de funcionamento do setor. Ora, a razão última desses despautérios é a tentativa de desgastar e fustigar os objetivos de uma nova legislação capaz de oxigenar ramo tão estratégico para o país, alterações legais que devem sempre atender ao interesse de fortalecimento da democracia e à valorização dos princípios constitucionais.

Primeiramente, fundamental se faz separar o que é divergência de opinião no bojo deste debate do que é interesse econômico e de dominação, estes os verdadeiros combustíveis das irresponsáveis afirmações de risco à liberdade de imprensa. Sem tal distinção, não se faz um debate consistente sobre o tema, produzindo-se apenas alaridos infrutíferos. É o caso do comportamento da SIP (Sociedade Interamericana de Imprensa), que recentemente encerrou sua 66ª Assembleia Geral em Mérida (México) com um

Tempos de Planície

documento contra as políticas do Brasil para o setor. O estopim dos ataques da SIP ao Brasil é a identificação de tentativas de monitoramento, controle e até censura aos meios de comunicação nacionais. Buscam igualar as propostas regulação do setor com imaginárias ameaças à liberdade de imprensa e de expressão, em ação apoiada por associações brasileiras. O interesse maior, contudo, é encobrir o monopólio das comunicações e satisfazer interesses econômicos e comerciais, não raro utilizados politicamente – não nos esqueçamos que a SIP, pelo silêncio e conivência, na prática, apoiou, em 2002, o golpe militar que depôs por dois dias o presidente da Venezuela, Hugo Chávez.

O artifício de criação de "mitos" e "assombrações" acaba por atentar contra o próprio desenvolvimento da democracia brasileira, na medida em que, além de obstruir a regulamentação do setor de comunicações, atua no intuito de cristalizar ignomínias, como as que impingem ao Partido dos Trabalhadores um viés "autoritário" e "antiliberdade de imprensa". Cumpre ressaltar que o PT, como diversos outros atores políticos nacionais, tem destacado papel na história do Brasil de luta, formulação, debate, trabalho, exercício e estímulo à retomada, desenvolvimento e aprimoramento da democracia. Não é pouco dizer que, sem o PT, a democracia no país não teria o grau de avanço que possui hoje.

José Dirceu

No governo, e fora dele, o partido deu mostras seguidas e sistemáticas de apreço pelas instituições democráticas e de respeito pela Constituição que ajudou a elaborar e aprovar.

É, ademais, em benefício da Carta Constitucional que busca a regulamentação da mídia, cujos artigos 220, 221 e 222 pedem a aprovação de lei federal desde 1988. Ambos integram o Capítulo V da Constituição (Da Comunicação Social), que estabelece, entre outros princípios, que:

1) "A manifestação do pensamento, a criação, a expressão e a informação, sob qualquer forma, processo ou veículo não sofrerão qualquer restrição, observado o disposto nesta Constituição" (art. 220);

2) "Nenhuma lei conterá dispositivo que possa constituir embaraço à plena liberdade de informação jornalística" (art. 220, § 1º); e,

3) "É vedada toda e qualquer censura de natureza política, ideológica e artística" (art. 220, § 2º).

A leitura de tais dispositivos constitucionais permite um único entendimento categórico: não se admite, sob qualquer hipótese, sequer obstrução, quiçá censura, ao "pensamento, criação e expressão" de ideias ou à livre circulação de informações jornalísticas. A decorrência imediata desse entendimento é inevitável: independentemente do conjunto legal que vier a ser aprovado no cumprimento da determinação constitucional de regulamentar o funcionamento da mídia, não pode haver ofensa à liberdade de pensamento, criação, expressão e difusão da informação. Portanto, não há que se temer ou falar em riscos à atividade jornalística e em ameaças à democracia quando a intenção é regular o setor de comunicações. Pelo contrário. O processo de formulação das novas leis federais sobre mídias – que acontecerá em conjunto e com apoio da sociedade, porque se dará no fórum adequado, o Congresso Nacional – deve ter como resultado a ampliação dos princípios democráticos já expressos na Constituição de 1988. Notem que nossa Carta Magna determina, igualmente, que:

1) "Os meios de comunicação social não podem, direta ou indiretamente, ser objeto de monopólio ou oligopólio" (art. 220, § 5º);

2) As leis federais para regulamentação do setor devem "estabelecer os meios legais que garantam à pessoa e à família a possibilidade de se defenderem de programas ou programações de rádio e televisão" (art. 220, § 3º, Inciso II); e,

3) "A produção e a programação das emissoras de rádio e televisão atenderão aos seguintes princípios: I – preferência a finalidades educativas, artísticas, culturais e informativas;

José Dirceu

II – promoção da cultura nacional e regional e estímulo à produção independente que objetive sua divulgação; III – regionalização da produção cultural, artística e jornalística, conforme percentuais estabelecidos em lei; IV – respeito aos valores éticos e sociais da pessoa e da família" (art. 221).

Em suma, regulamentar o funcionamento dos meios de comunicação social brasileiros não pode ser considerado um atentado à liberdade de imprensa e/ou à democracia, porque antes se revela uma necessidade expressa, há muito, em nossa Constituição. Uma necessidade com dimensões evidentes nos âmbitos jurídicos, políticos, sociais, culturais e econômicos. Buscar um debate profundo – na sociedade, no Congresso, nas organizações sociais e nos veículos de comunicação – sobre uma nova lei de mídia é perseguir valiosos princípios democráticos em nosso país. A condição única, e sobre a qual há consenso, é que a nova legislação deve ter como somatória: dar maior segurança aos agentes econômicos, ampliar a competição, estimular processos de inovação e desenvolvimento tecnológico, garantir os direitos dos cidadãos quando ofendidos em sua honra, multiplicar os meios de oferta de informação, valorizar a produção regional e promover o conhecimento via comunicação.

Experiência internacional

Superada a mixórdia acerca da importância de regulamentação da mídia, afastando qualquer tentativa de aproximar esta crucial iniciativa das supostas intenções ocultas de reintroduzir no país a abominável prática da censura, abre-se espaço para discutir de que forma avançaremos no caminho do novo marco legal. A observação de como procederam ao tratar do tema nações de tradição reconhecidamente democrática constitui ato de prudência, sapiência e aprendizado. Países como França, Portugal, Reino Unido e EUA (pasmem os que advogam contra a regulamentação em nosso Brasil!), para ficar em apenas alguns exemplos, trabalharam suas legislações de comunicação social tendo em alto valor o estabelecimento de deveres e garantias de direitos.[2] Na desequilibrada relação entre corporações de mídia e cidadãos, a preocupação tem sido a de assegurar os direitos de defesa frente à calúnia e à difamação que perpetuam a destruição de reputações e que em nada têm de exercício da liberdade de expressão – tratou-se de criar mecanismos em obediência ao que determina o Inciso II, do § 3º, do artigo 220 de nossa Constituição.[3]

No Reino Unido, a liberdade de imprensa está assegurada pela Lei de Direitos Humanos de 1998, que garante a livre expressão e protege fortemente qualquer pessoa em seu direito à privacidade e contra qualquer tipo de difamação por parte dos veículos de comunicação. A cultura jurídica britânica preserva fortemente a inviolabilidade judicial, ao contrário do que se pode imaginar com a profusão de tablóides de fofocas e noticiários acerca dos hábitos, passeios, opções, enfim, dos detalhes "bisbilhotados" da família real. Na Inglaterra, a privacidade é tida como um direito essencial. Qualquer pessoa, quando difamada, pode processar a imprensa com o intuito de obter reparação. Além disso, prevalece o sigilo em alto grau dos julgamentos, sendo vedada aos jornalistas a publicação de detalhes dos processos judiciais, bem como sobre provas de um crime. Os mecanismos de proteção contra a difamação e a inviolabilidade dos processos judiciais estão no mesmo patamar da garantia de liberdade de imprensa no país.

No que concerne aos meios audiovisuais, vigora no Reino Unido o modelo de exploração público-estatal, cujo maior exemplo é a rede BBC inglesa, uma referência jornalística e sinônimo de respeitabilidade internacional. Trata-se de uma empresa pública independente e financiada por uma licença de TV, paga pelos cidadãos ingleses. Ao todo, a BBC detém o controle de 14 canais de televisão, 5 de emissoras de rádio nacionais, além de dezenas de rádios locais e serviços internacionais em 32 línguas – entre elas, o português da BBC

Brasil. O predomínio na audiência pela BBC é compensado por políticas de forte incentivo ao pluralismo. Desde 2005, o governo britânico concede licenças às rádios comunitárias com o intuito de valorizar a produção local, chegando a oferecer, inclusive, verbas para que sejam legalizadas.

A regulação das empresas de comunicação e imprensa no Reino Unido é realizada por dois importantes órgãos: o Offcom (Departamento de Comunicações, ou Office of Communications, em inglês), criado em 2003 voltado à mídia de uma maneira geral; e a PCC (Comissão de Reclamações de Imprensa, ou Press Complaints Comission, em inglês), uma agência reguladora de caráter independente, que tem o objetivo de receber as reclamações sobre a imprensa e encaminhá-las para as empresas envolvidas para obtenção de retratações negociadas entre as partes, evitando que se transformem em processos judiciais.

Os EUA, costumeiramente chamado pela imprensa brasileira de "a maior democracia mundial", têm como princípio maior de sua atividade de imprensa a Primeira Emenda da Constituição norte-americana, elaborada em 1787. Complementarmente, têm uma Lei de Comunicação de 1934, voltada principalmente para emissoras de rádio, e possuem também, há alguns anos, uma legislação no mesmo sentido para a televisão e o setor audiovisual. Embora não exista

José Dirceu

uma lei única de imprensa, os EUA adotam várias regras em suas legislações – inclusive nas estaduais, posto que os Estados americanos guardam maior autonomia legislativa do que as unidades da Federação brasileira. Os jornais e, mais recentemente, a Internet não têm regulação governamental. Todavia, invariavelmente, quaisquer publicações de teor difamatório ou calunioso geram processos por parte das vítimas, em ações que tramitam dentro de normas e leis vigentes no país.

Prevalece o princípio de que o mercado e a opinião pública regulam o conteúdo das informações, com um mínimo de interferência do governo. Mas um dos pilares da preservação desse funcionamento é a Justiça, que atua com grande rigor para proteger as eventuais vítimas daqueles que cometem os crimes de calúnia e difamação, com a aplicação de multas pesadas que incentivam os mecanismos internos de controle de conteúdo e inibem comportamentos irresponsáveis por parte das empresas. As regras escritas sobre a comunicação nos EUA são voltadas, principalmente, para a regular os canais de TV e as emissoras de rádio. O audiovisual é supervisionado pela FCC (Comissão Federal de Comunicações, ou Federal Communications Commission, em inglês), por comissões parlamentares e por decisões da Suprema Corte. A FCC, instituída pela Lei de Comunicação de 1934, tem por prerrogativa monitorar as leis de outorga e as concessões

Tempos de Planície

públicas, válidas por oito anos para emissoras de rádio e televisão. Finalmente, existem normas que regulam a exibição de cenas consideradas inapropriadas a determinados horários e estabelecem a exigência de três horas semanais de programas educativos para as crianças.

Berço da moderna democracia e inspiração para os regimes democráticos ocidentais, a França tem uma das mais antigas leis de imprensa do mundo. Em vigor desde 29 de julho de 1881, a legislação francesa influenciou a de inúmeros países, como Espanha, Itália e Portugal. O norte do arcabouço legal francês é proteger tanto a liberdade de expressão, quanto o direito de privacidade. Nesse sentido, tal qual o exemplo britânico, pressupõe ações judiciais para reparação em caso de difamação. Há ampla garantia à livre circulação dos jornais – atualizada, também à Internet –, mas o incitamento ao ódio, à violência e à discriminação são crimes passíveis de punição com supressão da liberdade e multas severas. Em solo francês, nenhum grupo de mídia pode controlar mais de 30% da imprensa diária, o que abate no nascedouro qualquer tentativa de monopólio no setor de comunicações.

A França convive também, sem constrangimentos ou preocupações, com uma agência reguladora independente: o CSA (Conselho Superior do Audiovisual). Trata-se de órgão competente para regulamentar toda a atividade das

José Dirceu

emissoras de rádio e televisão. Formado por nove representantes, cujas indicações são divididas proporcionalmente entre o governo, o Senado e a Câmara dos Deputados, o CSA francês escolhe os diretores dos canais públicos e é responsável pela outorga das licenças privadas. As concessões de rádio valem por cinco anos, e as de televisão, valem por dez anos. Cabe ao CSA suspender, encerrar ou negar os pedidos de concessão, além de aplicar multas e sanções. Criado para garantir a diversidade da cultura francesa, monitorar o cumprimento das funções educativas e proteger os direitos autorais, o CSA atua para garantir a pluralidade de opiniões e, consequentemente, a democracia – na França, os concessionários de televisão e rádio são obrigados a garantir o pluralismo político, abrindo espaço aos diferentes candidatos e partidos.

A consequência dessa legislação é a coexistência de rádios anarquistas, socialistas e até mesmo de extrema-direita, bem como um grande número de emissoras que representam grupos minoritários. Como se verifica em outros ramos da economia francesa, a preocupação com a produção de conteúdo nacional nas comunicações também está presente. Assim, a disseminação e a preservação do idioma francês são garantidas por uma legislação de mídia que fixa cotas para a veiculação de músicas francesas nas rádios e obriga as emissoras de TV a transmitirem 60% de conteúdo europeu em sua programação – 40% de origem nacional.

Em Portugal, a regulamentação da mídia tem como um de seus baluartes a ERC (Entidade Reguladora para a Comunicação Social), cujo objetivo é garantir transparência na produção e veiculação dos conteúdos de comunicação, bem como o pluralismo cultural e a diversidade de expressão. Criada em 2005, a entidade tem seus conselheiros indicados pelo Parlamento e aprovados pelo presidente da República. Cabe ao órgão a concessão de outorgas de rádio, televisão, telefonia e telecomunicações – os mesmos ramos que, junto com os impressos, blogs e sites, são regulados pela ERC. As concessões de rádio e TV têm validade de quinze anos, mas são reavaliadas a cada cinco anos. Adicionalmente, a ERC é responsável por colaborar na elaboração de políticas públicas para o setor de comunicação. É a ERC, também, quem recebe as reclamações quando algum órgão de mídia extrapola de seu direito de informar e adentra o campo das ofensas à honra. A entidade é especialmente sensível às questões que envolvem a privacidade e os direitos das minorias e dos públicos infantil e jovem.

José Dirceu

Autorregulamentação

No Brasil, o vácuo legal deixado pela decisão do STF em relação à Lei de Imprensa e a ausência de regulamentação até hoje do Capítulo V da Constituição de 1988 começou a ser preenchido com a realização da 1ª Confecom (Conferência Nacional de Comunicação), que marca a retomada definitiva do debate sobre o setor. Interessante notar que a Confecom é iniciativa de ampla participação da sociedade, sendo a resultante nacional das conferências estaduais e municipais, onde participaram os movimentos negro, das mulheres, estudantil, indígenas e os sindicatos, além de algumas grandes mídias impressas e grandes emissoras de rádio e televisão. As empresas de maior porte e as associações que as representam abandonaram as mesas de negociação no início do processo que culminou com a Confecom, mas, recentemente, com a evidência de que o Governo Federal apresentaria um projeto de lei baseado nas conclusões da conferência, dispararam um processo paralelo de "autorregulamentação".

Com o respaldo dos grandes empresários de comunicação, o Conselho Nacional de Autorregulamentação dos jornais é considerado pelos próprios como o modo adequado "de evitar qualquer controle externo". A base da "autorregulação" será o código de ética do Estatuto da ANJ (Associação Nacional dos Jornais), que fixa compromissos com a defesa

Tempos de Planície

da liberdade de expressão, dos direitos humanos, da democracia e da livre iniciativa, o sigilo das fontes de informação, a pluralidade de opinião e a correção de erros cometidos nas edições. A iniciativa dos donos de jornais visa a reagir à formação dos conselhos de comunicação social nos Estados – entre outros, Ceará, São Paulo, Rio de Janeiro, Mato Grosso, Piauí, Alagoas e Bahia. Não é preciso ir a fundo para desnudar as reais preocupações: ao perceberem que não será possível impedir o iminente aprofundamento do debate em torno da regulamentação, tentam agora blindar seus interesses para esvaziar a proposta no Congresso Nacional e oferecer a autorregulamentação como alternativa. Ora, mas o controle externo foi instituído para a magistratura em 2005 e não representou nenhuma ameaça à independência dos juízes. Ademais, a experiência de outros países democráticos, algumas mencionadas acima, comprova que a existência de órgãos reguladores não constitui riscos à independência da mídia, à liberdade de expressão e à atividade jornalística. O contrário, por sua vez, foi possível verificar: que a regulação e os órgãos fiscalizadores instituídos em países democráticos garantiram a liberdade de imprensa e de informação, o pluralismo, impediram o monopólio da informação e dos veículos de comunicação, defenderam as minorias, os direitos humanos, a cultura nacional e a indústria cultural.

José Dirceu

Inegável que a participação dos grandes veículos de comunicação brasileiros é importante e desejada, ainda que tenham inicialmente tentado impedir a continuidade do debate na Confecom. Mas não podemos aceitar o engodo da autorregulamentação, que se constitui iniciativa para perpetrar monopólios e perpetuar os atuais descasos com os direitos constitucionais dos cidadãos. A inexistência de respeito por parte significativa da grande mídia aos direitos de resposta e de preservação da imagem; a ausência de concorrência no setor; e o controle da distribuição de jornais e revistas pelos mesmos grupos empresariais são provas inequívocas da necessidade de fazer a regulamentação via Congresso Nacional.

Novas mídias, nova regulação

Em diversas oportunidades, tenho insistido que a mídia não é um segmento econômico qualquer. Desde os volumes de faturamento —na casa dos bilhões anuais –, ao seu produto final – que são os fatos, as opiniões e as ideias determinantes para a formação de consensos –, passando pelo importante papel de fiscalização dos Poderes Públicos, trata-se de um ambiente econômico singular. E poderoso. A concentração desse poder nas mãos de poucos, algo histórico no Brasil, torna-se ainda mais preocupante quando se observa

Tempos de Planície

os avanços quase que diários das novas tecnologias, capazes de incrementar as comunicações com a introdução de novas mídias. O advento de novas leis nos países europeus busca atender a esse novo patamar de desenvolvimento da comunicação e da transmissão de informações e dados. Não podemos deixar o Brasil ficar para trás.

Aqui, nossa necessidade de revisão legal é mais ampla, pois a legislação da radiodifusão data de 1962 e está mais do que ultrapassada. A Internet e a convergência tecnológica, que possibilita o uso de uma mesma rede para múltiplas tarefas e serviços, praticamente nos obriga a encontrar um novo marco de leis. Em muito breve, seremos capazes de, pelo celular e com alta capacidade de armazenamento e transmissão de dados, acessar a Internet, ler notícias, trocar e-mails e mensagens instantâneas, jogar, ouvir músicas e assistir aos programas de televisão. Será essa a nova realidade de comunicação multimídia que trabalharemos em breve – qualquer palpite temporal é certeza de erro, tamanha a velocidade das transformações nesse campo do conhecimento humano. Novamente, manter os atuais mecanismos de concentração econômica é altamente nocivo aos interesses nacionais. Arrisco-me a dizer que constitui gravíssimo ato de irresponsabilidade governo e Congresso permitirem que nosso país se lance na próxima década sem uma nova legislação que regulamente a comunicação social. É inconcebível que se possa defender o vácuo como garantia de segurança jurídica e ambiente democrático desejável.

A regulamentação de mídia deve se configurar para impedir o monopólio das atuais empresas e evitar que a entrada em cena das operadoras de telecomunicações, fortes e poderosas, forme novos nichos de domínio, ampliando a concentração de mercado. Deve estabelecer as condições pelas quais a parte mais fraca da cadeia (o cidadão, pessoa física) possa exercer seu direito de defesa, reparação e restabelecimento da honra ante a parte mais forte (o veículo de comunicação, pessoa jurídica). Acima de tudo, nosso novo marco legal deve garantir o espaço das produções de conteúdo nacional e estimular as iniciativas independentes e locais, valorizando nossa abundante, intensa e fecunda cultura. Esse é o sentido da tão alvejada e rechaçada proposta de regulamentação de mídia, tratada como produto indigesto pelos grandes grupos empresariais do setor de comunicação.

Há de se concluir que nutrir o medo e incentivar a demonização do novo marco regulatório tem como motivação o desconhecimento do debate, aqui e no exterior, ou a defesa de interesses particulares que se interpõem ao avanço da sociedade e da democracia brasileiras. E, neste caso, é preciso que se acostumem a ter a vontade popular acima das suas próprias.

Tempos de Planície

1 É sabido que foram interrompidas com a morte do ministro Sérgio Motta, em 1998, as discussões no âmbito do Ministério das Comunicações acerca de uma Lei de Comunicação Eletrônica de Massa, que teria como objetivo restringir o monopólio e regular e determinar novas regras de propriedade no setor, além de influir nas programações de rádios e TVs. Como ministro, Motta deu sinais claros de que queria outro cenário para a televisão brasileira – após a criação da Anatel que enfraqueceu o Ministério das Comunicações – ao limitar sua área de atuação. Alguns temas considerados intocáveis integravam a pauta da minuta da Lei de Comunicação Eletrônica de Massa: propriedade cruzada de meios; limites à propriedade baseados em audiência; regulamentação da relação entre cabeça-de-rede e afiliadas; regionalização; produção independente de conteúdo; convergência de mídia; universalização dos serviços; e movimentos para a criação de uma TV Pública (TV Institucional). Com a morte de Motta, seu sucessor, Luiz Carlos Mendonça de Barros, mudou o foco do Ministério, voltando-o para a privatização da Telebrás e abandonando os esforços para aprovação do novo marco legal. Em nenhum momento no decorrer das discussões conduzidas por Sérgio Motta, falou-se de "censura", "entraves à liberdade de imprensa" ou "atentado ao direito de livre expressão".

2 O site Opera Mundi publicou em setembro de 2010 interessante material sobre as legislações que regulam a atividade de imprensa e a mídia em seis países (França, Reino Unido, EUA, Itália, México e Portugal), contrastando com o teor e o tom do debate que ocorre no Brasil. O levantamento pode ser acessado pelo link http://operamundi.uol.com.br/materias_ver.php?idConteudo=6654.

3 No Brasil, se já houvesse regulamentação desse dispositivo constitucional à época, teríamos evitado a pusilânime campanha contra o casal proprietário da Escola Base. Até os dias de hoje não se têm notícias de reparações adequadas ao casal.

Capítulo 5

Políticas econômicas

A pauta do desenvolvimento

Jornal do Brasil, 07 de setembro de 2006

A questão do desenvolvimento, mesmo com um viés crítico com relação ao governo Lula, vai tomando conta do debate, pelo menos na imprensa escrita. Isso é um bom sinal, porque ajuda o Brasil. O país não pode mais ficar patinando, com um desempenho para lá de modesto em relação aos demais países emergentes. Não há porque não crescer a uma taxa de 5%, 6% ao ano, a partir de 2007.

As condições macroeconômicas estão dadas. O país resolveu sua situação externa, tanto em termos de equação da dívida como da balança de pagamentos, embora, do ponto de vista da política cambial, o quadro não seja confortável. Ainda temos que resolver a questão da dívida pública interna, que vem gradativamente melhorando de qualidade, ou seja, seus prazos vêm sendo alongados. Já há condições de acelerar a redução dos juros, como o demonstrou o Copom em sua última reunião.

José Dirceu

Ou seja, o presidente Lula, se reeleito como indicam as pesquisas, vai iniciar seu segundo mandato em condições muito diferentes e extremamente vantajosas em relação a 2003. Será preciso agarrar essa oportunidade para fazer o país crescer e estabelecer uma política desenvolvimentista, que exige a construção de consensos em torno dos objetivos que forem definidos.

Para isso, além da redução mais acelerada dos juros, é preciso que o Banco Central enfrente a questão da apreciação do real, que vem inviabilizando a competitividade de importantes e eficientes cadeias produtivas. Isso tem se refletido na redução dos investimentos e, se o processo não for contido, pode levar rapidamente à desestruturação dessas cadeias, a exemplo do que ocorreu em outros momentos da história recente do país. Vários economistas têm chamado a atenção para o fato de que a decisão de ser, ou não, conivente com a apreciação prolongada da taxa de câmbio será decisiva, nos próximos anos, para a economia brasileira.

Com a ação nessas duas frentes, somada à melhoria da qualidade da dívida interna e da redução da dívida externa, o país estará pronto para começar a sua arrancada de desenvolvimento, onde o investimento público tem papel relevante – é ele que alavanca o investimento privado. Estariam dadas as condições, creio, de aumentar os investimentos públicos que precisam chegar a 1,75% do PIB já, e a 3%, numa segunda fase. Se isso for feito, teremos, junto com os investimentos da Petrobras e das estatais, 5% de investimento público. O que permitirá investir pesado em educação e inovação.

É evidente que precisamos, também, resolver gargalos como os do Judiciário e da burocracia ineficientes, nosso contencioso ambiental sem solução, impostos irracionais, deficiências na infraestrutura de transportes, questões legais e regulatórias que impedem parcerias e concessões.

As propostas de cortar gastos sociais são inviáveis, a não ser que queiramos transformar o Brasil num grande PCC. A previdência precisa de ser modernizada e o crescimento econômico pode trazer seu déficit, de R$ 40 bilhões (2% do PIB) para R$ 20 bilhões. Fora disso, é jogar o país em uma agenda negativa que discute os "privilégios" dos de baixo e não toca nos dos de cima.

Não se pode continuar pagando R$ 150 bilhões de juros, dos quais 70% vão para 13 mil empresas e famílias e 30%, para 7 milhões de poupadores. E, ao mesmo tempo, exigir que não se aumente os salários e pensões da imensa maioria do povo brasileiro, que depende desse rendimento para não cair na miséria. A ideia de que reduzir gastos com salários dos servidores públicos, pensionistas e trabalhadores que ganham o mínimo libera recursos para investimento é uma ilusão. O Brasil não tem futuro com a renda do trabalho equivalente a 36% da renda nacional, quando, nos países que se desenvolveram, ela equivale a, no mínimo, 50%.

Só o crescimento econômico, apoiado num crescente mercado interno de massas, com distribuição de renda – que tem de ser uma obsessão – nos salva. Saídas fáceis já tentamos no passado; elas acabaram em milagres econômicos que arruinaram o país e quase nos roubaram a soberania.

O dólar furado

Jornal do Brasil, 31 de maio de 2007

Como nos velhos tempos, chegamos ao dólar furado. No mundo todo, o dólar se desvaloriza e perde valor e assim os Estados Unidos financiam sua economia, reduzem sua inflação, mantêm sua demanda e seu nível de emprego. Essa abundância de dólares em todo mundo encontrou no Brasil um porto seguro, com juros reais beirando os 10% e com uma economia em crescimento e com estabilidade garantida.

Assim nosso país acumula anualmente mais de US$ 60 bilhões de saldo comercial e de Investimentos Diretos Estrangeiros, obrigando o Banco Central a comprar esses dólares e enxugar os reais colocados na economia com a venda de títulos públicos. A razão básica para essa situação é a nunca vista liquidez internacional e alta dos preços das commodities no mercado comercial internacional, que favorecem nosso país, grande produtor de alimentos e matérias-primas.

Um cenário inimaginável há alguns anos já pode ser visto no Brasil: investidores e consumidores fazendo planos para cinco, dez anos, graças à inflação baixa e à credibilidade da política econômica e aos fundamentos macroeconômicos do país. Corremos o risco de sofrer um choque cambial quando recebermos o grau de investimentos, tal será o fluxo de capitais para o Brasil. Teremos de oferecer opções de investimentos privados produtivos e em novos fundos privados para esse capital, sob pena de termos uma violenta valorização dos atuais ativos.

A curto prazo, os principais beneficiados são o consumidor e o trabalhador. O primeiro pelos baixos preços da cesta básica e ínfima inflação, que se refletem nos pequenos índices de aumento dos aluguéis e serviços públicos. O segundo pelo crescimento do emprego e da renda. Esse crescimento se expressa na expansão da demanda de bens de consumo duráveis, já ultrapassando a casa dos dois dígitos.

A valorização do real significa também altos preços de nossos bens exportáveis e perda de competitividade frente à concorrência internacional. Mas sua face mais cruel é o barateamento das importações, que corroem nossa base industrial, além de diminuir a competitividade de nossa indústria automobilística.

A saída encontrada pelo Banco Central foi a compra de dólares, aumentando nossas reservas para US$ 135 bilhões, tornando o país quase credor líquido externo, já que nossa dívida externa líquida ficará negativa. Nesse sentido, só nos resta baixar os juros, o que tornará o custo de manutenção de nossas reservas mais barato, assim como o serviço da dívida interna, que chegou a R$ 135 bilhões em 2006. Dessa maneira podemos evitar uma maior apreciação do real e fortalecer nossa segurança externa, diminuindo, e muito, a demanda de capital especulativo.

Ao mesmo tempo devemos diminuir os impostos, acelerando as desonerações, particularmente dos investimentos, melhorar a gestão pública, executar o PAC e aprovar no Congresso Nacional as reformas política e tributária e a lei das agências reguladoras, mantendo o aumento dos gastos públicos menor que o crescimento do PIB mais a inflação.

Precisamos, portanto, acelerar a queda dos juros e a distribuição de renda começada no primeiro governo Lula, para fortalecer nosso mercado interno e nossa indústria nacional, criando mais e melhores empregos e garantindo um crescimento de mais de 6% ao ano.

As alternativas apresentadas por setores saudosistas dos tempos neoliberais são tão ou mais perniciosas que o quadro atual. Qualquer política de abertura indiscriminada do país às importações, ou pior, a plena convertibilidade da moeda, nos levará ao desastre econômico, social e político.

José Dirceu

Pelo contrário, ao lado de uma redução drástica da taxa real de juros, devemos estar preparados inclusive para uma política de barreiras ao capital especulativo.

Que nossos governantes tenham audácia e coragem para tomar as decisões que o momento histórico exige, para não perder essa oportunidade rara que construímos nos últimos anos: a retomada do projeto de desenvolvimento nacional.

Nosso fantasma é outro

Jornal do Brasil, 24 de janeiro de 2008

Na semana passada, a saída de um volume razoável de dólares investidos nas bolsas brasileiras e o desenho de uma provável recessão na maior economia do mundo aumentaram a percepção dos riscos que o Brasil pode vir a enfrentar. A verdade é que, em uma economia fundamentalmente liberal como a norte-americana, o governo pode mediar, mas nunca controlar uma crise como a que os Estados Unidos enfrentam. Boas políticas podem fortalecer, estender e estimular o crescimento, da mesma forma que más políticas ou eventos exteriores podem abreviar um ciclo de crescimento. O que se controla, no fundo, é o "ciclo de crescimento".

Nas últimas décadas, a economia norte-americana teve um período de seis a oito anos de crescimento contínuo, seguido de uma recessão de um ano a um ano meio, que precede novo ciclo de expansão. Alguns exemplos: os Estados Unidos estavam em recessão no fim do governo Carter (o que foi decisivo para a vitória de Ronald Reagan), cresceram

José Dirceu

até a metade do governo Bush pai (82-90), e voltaram a colocar o pé no freio (o que também foi decisivo para sua derrota frente a Bill Clinton). Nos anos 1992 a 2000, novo ciclo de crescimento (seu arrefecimento, a partir daquele ano, foi péssimo para a candidatura de Al Gore, e teve relativa importância para a apertada e discutida vitória de George Bush filho), interrompido por nova estagnação que segue até quase o final de 2001, com a retomada do crescimento da economia a partir do ano seguinte.

Tudo indica que a economia norte-americana está chegando ao fim positivo do ciclo de crescimento – e o que todo mundo quer saber é quando ele vai terminar. Para os democratas, seria melhor que isso acontecesse este ano – ótimo tema para as eleições de novembro. Por isso, eles, que controlam a grande mídia, estão batendo o tambor de recessão faz bastante tempo. De outro lado, o governo Bush fará tudo para prolongar o crescimento por mais tempo.

Objetivamente, a economia americana estava em boa forma até o final do ano passado. Crescimento razoavelmente forte, bolsa em alta, emprego idem, pouca inflação. O problema da crise hipotecária está se agravando e pode se transformar em crise de confiança do consumidor, com queda do consumo, do investimento, do emprego. Há sinais nesse sentido. Para contê-los, o governo Bush está cortando juros e adotando medidas para dar mais liquidez à economia; propôs reduções de impostos e mais incentivos a investimentos. Mesmo que a economia americana entre em recessão, ela não deve provocar uma reação mundial em cascata, desde que a China continue crescendo.

Embora a percepção sobre a recessão nos EUA não seja unânime, cresce, no país, a corrente dos que acreditam que ela virá. E quais serão seus reflexos na economia brasileira? Com uma pauta diversificada de exportações, já não dependemos apenas e nem tanto da economia norte-americana. Além disso – e o que é mais relevante – o atual crescimento brasileiro se apoia no crescimento do mercado interno e dos investimentos nacionais e estrangeiros, que, tudo indica, continuarão a fluir para as BRICs (Brasil, Rússia, Índia e China).

O verdadeiro risco que corremos é de nosso Banco Central, ao contrário do que fez o Fed, o banco central norte-americano, aumentar os juros, sustentando e até ampliando o diferencial de juros entre o Brasil e os EUA, hoje de 7%. Uma política de mais juros pode levar a uma quebra na confiança do investidor e no ambiente de negócios interno, com reflexos no exterior. Um caldo de cultura no qual encontrarão alimento fértil a insana política de sabotagem da oposição e o irresponsável comportamento da maioria da mídia, que faz de tudo para criar crises artificiais no país.

José Dirceu

Assim, os riscos decorrentes de uma possível recessão da economia norte-americana poderão ser contornados. Tudo vai depender da nossa capacidade de enfrentar a crise, mantendo os investimentos públicos e privados, sem elevar os juros ou cair na política de corte de gastos a qualquer custo, desmantelando a estrutura do Estado. Não podemos temer o futuro.

Grau de investimento, superávit e Fundo Soberano

Jornal do Brasil, 15 de maio de 2008

Receber o grau de investimento não livrou o Brasil de suas velhas mazelas. Voltamos, agora, à proposta de um aumento do superávit fiscal para até 5% (hoje, ele é de 3,8%, no começo do governo Lula foi de 4,25%), o que resultará em uma economia de R$ 36,5 bilhões. Desta vez, no entanto, há uma diferença de fundo se os propósitos forem mantidos no curso correto: os recursos não seriam direcionados para o pagamento do serviço da dívida interna, para engordar os rentistas. Seu objetivo seria criar um caixa de governo associado a duas iniciativas que, se concretizadas, serão históricas: instituição de um Fundo Soberano e criação de uma agência do BNDES no Uruguai.

Quem transmitiu a novidade para a sociedade foi o economista Luiz Gonzaga Belluzzo, na condição de membro do

José Dirceu

conselho de economistas da Presidência da República. Meu medo é que a razão seja mais um aperto fiscal, com seus reflexos negativos sobre o crescimento e que, das três funções do fundo (intervir no câmbio; financiar a exportação de capitais, tecnologia e serviços; e conter os gastos públicos), acabe prevalecendo, ao invés das boas intenções do conselho de economistas, o aperto fiscal contracionista de sempre do BC, impondo seu discurso de contenção dos gastos públicos. Fora isso, não há uma explicação do porque constituir o fundo com mais superávit e não com os quase US$ 200 bilhões de reservas. E nunca é demais lembrar que o país continua na rota do crescimento, apesar do BC e sua taxa Selic, e de toda propaganda contra.

A decisão de se elevar o superávit primário é apresentada como necessária para evitar novo aumento de juros pelo BC, para que a taxa Selic não bata nos 13,75% até o final de 2008. A promessa é que esse aumento do superávit não atingirá os programas do PAC, só gastos fora dele. Mas como nenhuma autoridade do governo veio a público explicar a proposta, fica a dúvida se os investimentos dos PAC da Educação e da Segurança serão ou não atingidos. Também não está definido como se resolverá o imbróglio da emenda 29 da saúde e das perdas de receita com a extinção da CPMF.

Por maior que seja o excesso de arrecadação neste ano, como já vem sendo sinalizado, a conta dificilmente fechará, e o arrocho na Esplanada dos Ministérios será grande. Haverá choro e ranger de dentes e os problemas, como sempre, surgirão alguns meses depois do corte de gastos indiscriminado e linear. Reconheço que, em função de minha cautela frente ao cenário traçado, soa estranho que, paralelamente ao anunciado aperto fiscal, se fale em manter o crescimento de 4,7% do PIB. Sem mencionar a nova política industrial, lançada esta semana, com desonerações e isenções na casa dos R$ 20 bilhões. Alguém vai sair perdendo, ou os planos e programas ficarão no papel.

Para criar o Fundo Soberano, uma alternativa, comenta-se, seria tributar o aumento da produção de petróleo. Essa hipótese, no entanto, vem sendo descartada pelo ministro Guido Mantega. Ele tem dito que o fundo seria financiado pelo excesso de arrecadação, e não pelas reservas do país e muito menos tributação específica sobre o aumento da produção do petróleo.

Como afirmou Belluzzo, com sua proposta, ele busca combinar dois instrumentos – a política monetária e a fiscal –, evitando um aumento agressivo dos juros e uma parada na economia. O superávit de 5%, diz ele, resolveria esse dilema e daria uma fonte não inflacionária para o Fundo Soberano.

José Dirceu

Vamos aguardar e torcer para que dê certo. Mas minha experiência no governo não me deixa ilusões. Em 2004, essa mesma proposta de aumentar o superávit para evitar um aumento dos juros e destinar recursos para os programas de investimentos prioritários, que o FMI concordara em retirar do cálculo do superávit de 4,25%, acabou mal. Aumentaram-se os juros e o superávit e o programa ficou no papel. Pior que a inflação e o câmbio, é o temor de crescer e correr riscos. Isso nos tira a esperança e nos devolve o medo, nos transforma em contadores e não governantes.

O Brasil e a crise

13 de novembro de 2008

A convocação da reunião do G-20, réquiem do G-7, com o Brasil e o presidente Lula tendo um destaque especial, é resultado de seis anos de uma política externa que já antevia a superação do atual modelo de coordenação e direção do poder no mundo e já pregava a reformulação dos atuais organismos internacionais e sua democratização. A eleição de Barack Obama, um fato histórico, também representa uma confirmação da política externa brasileira, não apenas de seu caráter progressista, mas de sua profunda convicção multilateral, de crítica à hegemonia norte-americana e a seu conservadorismo unilateral, que desprezava a cooperação e coordenação, os organismos internacionais e mesmo as leis internacionais.

A crise financeira, que já se transformou em crise econômica e atingiu a produção, o crédito e o emprego, também dá razão ao Itamaraty, destaca a importância da rodada de Doha e coloca na ordem do dia sua retomada como antídoto à recessão que se avizinha. É preciso enfatizar que essa recessão seria atenuada por uma nova liberalização do comércio mundial sem protecionismo e sem subsídios e tarifas.

A busca desesperada de coordenação e regulação do sistema financeiro internacional, que se seguiu ao desmonte do sistema financeiro norte-americano em outubro, a intervenção do Estado e dos bancos centrais, do FED e do FMI, garantindo liquidez, primeiro à Europa, depois à China e ao Japão e, finalmente, às economias emergentes, reforça a necessidade da reforma dos sistemas de decisão, em nível mundial. É preciso reformar e sanear o sistema financeiro e o comércio internacional.

Este precisa ser liberalizado, com o fim do protecionismo e dos subsídios dos países ricos aos seus mercados e produtos, garantindo-se, ao mesmo tempo, o apoio aos países pobres da Ásia, África, América Latina e mesmo da Europa do Leste. Quem vai rezar e olhar pelos pobres do mundo? Ou eles terão que se rebelar e se revoltar? Terão que enfrentar a fome e a miséria acompanhadas da maldição das guerras civis e locais, dos senhores das guerras?

Nesse cenário é que destaco a reunião do G-20, mais por seu caráter simbólico, pois a tomada de decisões demanda a realização de uma rodada de negociações em nível internacional, que exigirá, talvez, colocar Doha dentro de um entendimento maior que enfrente as questões não só

Tempos de Planície

financeiras e comerciais mas da pobreza e do desemprego. E que evite uma nova corrida por recursos naturais mais baratos e limpos submetendo de novo os países pobres, e mesmo os emergentes, aos desígnios e interesses das grandes potências, como uma volta ao passado.

Daí a importância do discurso do presidente Lula na reunião do G-20 e o reconhecimento do papel do Brasil e de sua política externa, que não cedeu aos apelos menores e submissos de uma maior integração comercial privilegiada com os Estados Unidos. Isso seria abandonar nossa agenda preferencial com os emergentes que constituem os Brics (Brasil, Rússia, Índia e China) e de nossa política reformista das organizações internacionais.

O presidente Lula, com a autoridade de quem vinha lutando contra a atual ordem internacional, defende uma reforma mais ampla que garanta poder de decisão aos integrantes do G-20, o fim do protecionismo, e aponta Doha como antídoto para a recessão que se aproxima. Mas ele não deixa de condenar, também, a especulação irresponsável, para não dizer criminosa, que lançou o mundo num desastre que custará milhões de empregos e aumentará a pobreza até mesmo nos Estados Unidos e na Europa.

Ao contrapor medidas concretas e a condenação mundial ao pânico e ao medo, Lula se eleva no cenário mundial com autoridade para denunciar a submissão do interesse público ao privado e suas consequências, exigindo a retomada do papel do Estado na defesa não só do interesse nacional, mas do interesse da sociedade.

A receita tucana
para a crise

Jornal do Brasil, 18 de dezembro de 2008

O jornal O *Estado de S.Paulo*, em matéria publicada no dia 11, informa que o Instituto de Estudos de Política Econômica da Casa das Garças, centro de estudos carioca dirigido pelos economistas Edmar Bacha e Ilan Goldfajn, publica, em sua página na internet (www.iepecdg.com), um livro virtual sobre a crise, com artigos de dezoito dos mais conhecidos economistas do país. Intitulado "Como Reagir à Crise? Políticas Econômicas para o Brasil", o trabalho, organizado por Bacha e Goldfajn, reúne artigos de Pedro Malan, Armínio Fraga, André Lara Resende, Gustavo Franco, Alkimar Moura, entre outros, além dos próprios organizadores.

Sugiro que leiam a página e tomem conhecimento das propostas para enfrentar a crise dos principais teóricos do PSDB, todos ex-membros do governo FHC. A reportagem do Estadão já dá algumas pistas do que esse grupo de economistas defende para esse momento decisivo. Vamos a algumas das medidas sugeridas. Armínio Fraga alerta para o risco de se tentar um crescimento de 4% para a economia em 2009. Na opinião dele, se para a economia norte-americana faz sentido falar em "expansão fiscal temporária", no Brasil a situação é outra. "No nosso caso, é preciso levar em conta que há anos os gastos públicos vêm aumentando de forma pró-cíclica e focada em gastos correntes e permanentes." Pedro Malan defende a contenção do gasto público do governo como "único caminho" para o país atravessar a crise. "O Brasil não está em recessão, nem em deflação, mas em processo de desaceleração do crescimento, que vai significar, sim, redução das receitas e, portanto, vai exigir cortes na expansão de gastos antes contemplados e não o contrário, como vem acontecendo com as contratações e aumentos anticíclicos", diz Malan. Edmar Bacha alerta para os riscos das políticas creditícias compensatórias (pelo uso de reservas internacionais, da expansão dos bancos públicos e da queda de juros), ainda que defenda a intervenção do governo para atenuar os impactos da crise na economia. "Quanto maior controle se exercer sobre o gasto corrente do governo, maior poderá ser a expansão creditícia compensatória sem afetar negativamente as contas externas".

Como podemos constatar, os ex-ministros de FHC e apoiadores do PSDB defendem, em uníssono, o corte de

Tempos de Planície

gastos. Para eles, o país deve crescer menos, não deve expandir o crédito, tem de evitar o risco de um déficit na balança de pagamentos.

Ou seja, as propostas dos economistas tucanos para enfrentar a crise vão na contramão das medidas que estão sendo colocadas em prática pelo governo Lula, com amplo apoio da sociedade. O entendimento é que devemos expandir o crédito, garantir a liquidez, reduzir impostos, aumentar os investimentos para que os setores que não dependem de importações mantenham o crescimento (como habitação, construção civil, infraestrutura).

O país pode e deve, como fez o governo com a redução de impostos, incentivar o consumo e estimular os investimentos, seja garantindo ao BNDES R$ 110 bilhões para empréstimos em 2009, seja aumentando os investimentos públicos em 0,5% do PIB, principalmente para construção civil e saneamento, e sustentando os investimentos do PAC e de suas estatais. Outra medida importante é a garantia de US$ 10 bilhões das reservas do país, para que os bancos possam renegociar os empréstimos externos que empresas brasileiras tomaram, desafogando assim o sistema bancário nacional para emprestar para a pequena e média empresa, evitando a falta de capital de giro e liquidez que pode levar à quebra de cadeias produtivas e ao desemprego. O verdadeiro problema

José Dirceu

do país não é o risco da inflação ou do desequilíbrio agudo das contas externas, mas a falta de crédito e de capital de giro, que pode destruir centenas de milhares de pequenas e médias empresas e milhões de empregos.

Como vemos os tucanos continuam na contramão da história, apegados a seus dogmas e interesses financeiro-rentistas. Exatamente quando a China e os Estados Unidos fazem de tudo para evitar a recessão e o risco da depressão, aqui eles propõem crescer menos e cortar gastos, na mesma linha do BC e do Copom, não importando o risco para o país.

A complexa redução do spread e dos juros

Blog do Noblat, 06 de fevereiro de 2009

Cobro diariamente em meu blog a redução dos juros e do spread bancários no Brasil, uma discussão que, tenho de reconhecer, tornou-se complexa e de alto risco entre nós por décadas de altos juros e inflação no país e pela situação de escassez de crédito, e falta de liquidez e confiança no sistema bancário internacional.

No Brasil os bancos captam dinheiro em média a 12,5% e emprestam entre 28% e 42%. O spread é alto, situa-se aí na faixa de 20% a 30%. É o que possibilita o elevado ganho que se manifesta nos lucros dos bancos brasileiros, hoje uma média de 20% ao ano sobre seu patrimônio líquido, como demonstra essa temporada de balanços bancários que começaram a ser divulgados.

Para justificar os lucros extraordinários e os elevados spreads que cobram, os bancos culpam a carga tributária, o compulsório e a inadimplência. Claro, com as tarifas que praticam não podem justificá-los com despesas administrativas e de pessoal, ou com os investimentos que fazem em automação.

A história de pesada carga tributária é uma piada. Basta ver os lucros bancários. Tampouco o compulsório pode ser pretexto porque já caiu muito, assim como a inadimplência, antes baixa, também não seria justificava para os altos spreads.

A questão, como eu disse, é mais complexa. Com os elevados juros que o governo paga – chegaram a 25% durante a era FHC – nossos sistemas bancário e financeiro ficaram viciados nessas altas taxas pagas pelas aplicações a prazo e em títulos do governo, já que a caderneta de poupança praticamente só paga a inflação.

Reduzir o spread sem reduzir a taxa Selic em pelo menos 3% - hoje ela está em 12,75% – depende, também, da situação da economia mundial.

Para a redução, os bancos querem garantias como as que recebem no crédito direto ao consumidor e nos empréstimos de capital de giro, operações onde os spreads podem e deveriam cair já, começando pelos bancos públicos. Mas aí, temos que reduzir os juros que os bancos pagam para diminuir o que cobram, mesmo considerando um escândalo o spread cobrado, entre 20% e 30%.

Os rentistas e os bancos alegarão que se está colocando em risco a economia do país, uma vez que não reduzimos a

Tempos de Planície

Selic e o spread quando era possível e necessário, durante os anos de bonança e crescimento do crédito e da liquidez internacional, quando haviam juros baixos, crescimento econômico, alto preço das commodities e a arrecadação batia recordes. Dirão que perdemos o time.

Mas, no fundo, o problema é que reduzir os ganhos do setor financeiro é reduzir os lucros dos rentistas, o custo da divida interna, e fazer cair bruscamente a Selic, com os riscos que isso representa para as contas externas. É uma operação que exige decisão de Estado e de governo, com implicações políticas e não só econômicas.

Em essência, o que está em discussão e em disputa, então, são os R$ 162 bilhões/ano que pagamos de juros da divida interna. É a participação do setor financeiro e dos que vivem de rendas no bolo nacional, é a questão da distribuição de renda, riqueza e poder, que se expressa, inclusive, na timidez e cautela da mídia ao tratar do tema.

Na verdade, o nosso sistema bancário mal cumpre o seu papel de financiar a produção e o consumo. É mais um grande administrador de carteiras de aplicações – de apenas 13 mil pessoas físicas e jurídicas que detêm 70% da dívida pública (nestas incluídos os próprios bancos e instituições financeiras), e dos outros 30% constituídos por 7 a 8 milhões de pessoas físicas e jurídicas pequenos investidores.

José Dirceu

A este contingente de rentistas tem sido assegurados juros reais de 10% ao ano nas suas aplicações, um lucro impensável em qualquer lugar do mundo hoje quando os juros, na média, são negativos na maioria dos países.

Complexa, envolvendo uma teia de interesses variados, a questão, no entanto, precisa ser resolvida para o país se desenvolver.

Quando a cegueira
é ideológica

Blog do Noblat, 10 de julho de 2009

Praticamente toda a grande mídia brasileira, dos comentaristas de rádio e TV aos articulistas dos jornais, veicularam na última semana matérias que seguem a toada contra os gastos públicos do governo e a campanha contra o aumento do salário mínimo e dos funcionários públicos. A ponto, até, de um dos grandes jornais paulistas, a *Folha de S.Paulo*, ter dado em manchete que o governo recorre as estatais para cobrir suas despesas.

Na prática, o que escondem de seus leitores é que o governo federal perdeu a CPMF e com ela R$ 40 bilhões (pagos por apenas 5% da população) compensados apenas em parte, 25%, pelo aumento do IOF. Além da perda de mais R$ 30 bilhões em desonerações concedidas para sustentar o crescimento e evitar uma queda ainda maior dos índices de emprego e da queda da arrecadação em decorrência da retração da economia. Escondem o acerto das desonerações, comprovado na

José Dirceu

retomada de postos de trabalho, do crescimento (ainda lento) da indústria e na certeza de que podemos ter, ainda esse ano, um crescimento positivo de 1% e acima de 4% em 2010.

Ao chamar nas primeiras páginas, como manchetes, matérias sobre a ampliação das despesas com o funcionalismo pelo governo federal, os jornais querem seguir na linha de estigmatizar o aumento dos gastos públicos, indispensáveis para evitar uma recessão maior. Preferem taxar o governo de irresponsável e insistir na tecla do aumento de gastos com pessoal, ao invés de falar dos investimentos que na prática dobraram durante os anos Lula. Apenas em 2008, eles totalizam 28,3 bilhões de reais, incluindo os dividendos pagos pelas estatais, além dos recursos do orçamento da União. Isso sem incluir os investimentos das empresas estatais (que em 2008, chegaram a R$ 53,2 bilhões – 2,8% do PIB) e os das empresas privadas que compõem o Programa de Aceleração do Crescimento (PAC). Esta sim é uma mudança radical se comparada com os anos Fernando Henrique Cardoso.

Infelizmente, nessa toada, a *Folha de S.Paulo* ainda tentou semear o pânico e o pessimismo. Projetou um déficit orçamentário para 2010 em diante, sem levar em conta a retomada do crescimento e da arrecadação, e o fim das desonerações provisórias para a indústria. Nisso, o mais grave é a fraude, o jogo de palavras e de dados contábeis que o

Tempos de Planície

jornal cometeu ao apresentar dados de seis meses como se fossem do ano todo! Calculou os R$ 13,3 bilhões citados em sua matéria tomando como base junho de 2008, quando o Tesouro projeta para o ano de 2009, os mesmos 13,7 bilhões, apenas 600 milhões acima dos lucros de 2008.

Mas a realidade é outra. Com a queda dos juros da taxa básica Selic – que remunera parte da dívida interna - o governo tem margem para reduzir o superávit, sustentar os investimentos e gastos, e mesmo com a queda da arrecadação, o fim da CPMF e as desonerações, pagar o serviço da dívida interna e manter sua relação com o PIB e o déficit nominal dentro dos padrões dos últimos anos.

Daí a confiança na economia brasileira expressa no Risco Brasil, na entrada de investimentos externos, nos fundamentos de nossa economia. Não podemos esquecer que, dada a gravidade da crise internacional, não seria nada absurdo ou arriscado o Brasil dobrar seu déficit nominal de 1,6% para 3,2%, ou mesmo aumentar sua dívida interna, nesse momento em que todo o mundo desenvolvido, praticamente dobra a sua e faz déficits nominais de até 10% do PIB.

Esse tipo de campanha dos jornais só demonstra a cegueira ideológica e o sentido partidário e de oposição da campanha movida por setores da mídia contra o aumento dos gastos públicos no Brasil do governo Lula.

É preciso barrar
o capital especulativo

Brasil Econômico, 28 de outubro de 2009

A crise econômica desencadeada há pouco mais de um ano trouxe efeitos negativos ao mundo, mas serviu para testar os fundamentos da economia brasileira e a capacidade de reação do nosso governo. Até a crise, analistas míopes (ou que tentavam obter dividendos políticos) creditavam o bom andamento da economia brasileira aos ventos favoráveis no plano internacional. A partir da crise, a falácia caiu por terra.

A firmeza com que o governo do presidente Lula enfrentou as turbulências no último ano foi decisiva para colocar o Brasil de vez na rota dos investimentos externos. Nosso país é hoje um dos principais destinos dos investidores. Mas, como tudo na economia, é preciso a adoção de algumas medidas para impedir que esse afluxo de dólares se transforme em problema.

Uma das consequências é a atração de capital especulativo, descomprometido com o crescimento e a solução dos problemas sociais do país. A apreciação do real frente ao dólar é um sintoma da entrada desse capital volátil, oriundo de especuladores, que são os mesmos que quase levaram o mundo à depressão, mas que saíram ilesos e não estão pagando o preço da crise – como sempre, são os mais pobres que pagam.

O Ministério da Fazenda, dando mostras de que está atendo ao problema, anunciou que irá elevar para 2% a taxa do IOF (Imposto sobre Operações Financeiras) para aplicações na Bolsa e em títulos de renda fixa. O objetivo da medida é elogiável: inibir a entrada de capital especulativo.

As primeiras reações do mercado foram negativas. A Bovespa caiu drasticamente. Os reais efeitos do aumento do IOF ainda estão para serem sentidos, mas há grande risco de chovermos no molhado, e o real seguir se valorizando frente à moeda norte-americana.

Porque a depreciação do dólar frente a outras moedas é uma tendência mundial. A China é um exemplo disso, porque força uma cotação estável do yuan, comprando os dólares excedentes, elevando a desvalorização do dólar. O euro também tem se valorizado. Para alguns analistas, o movimento é sinal da substituição da moeda americana como referência.

O Brasil não pode deixar de atuar nesse cenário, criando dificuldades para o capital de curto prazo, especulativo, e

Tempos de Planície

favorecendo o capital de longo prazo, investidor. Esse caminho só será possível se diminuirmos os custos e aumentarmos a produtividade, medidas que devem ser aliadas com políticas de educação e inovação. É preciso igualmente reduzir os custos financeiros e aprovar a reforma tributária, além de melhorar infraestrutura para incrementarmos mais nossas exportações e chegarmos a novos mercados.

No caso brasileiro, há grande responsabilidade também do Banco Central. O BC pode (e deve) contribuir, por exemplo, ao reduzir a taxa Selic, minorando, de um lado, os ganhos dos especuladores com títulos públicos e, de outro lado, forçando ainda mais a diminuição do spread bancário para ampliação da oferta do crédito. Não podemos conviver por mais tempo com os altos juros e com o atual sistema bancário-financeiro, com spread de mais de 30%.

O teatro dos juros altos

Brasil Econômico, 17 de dezembro de 2009

Imagine um país com amplo potencial para dar um salto em seu desenvolvimento. Este mesmo país começa a se estruturar para obter crescimento sustentável, contínuo e regular – um cenário, aliás, perseguido há anos, mas que começa, de fato, a ter alicerces efetivos.

Agora imagine que haja nesse país a perspectiva, para o ano seguinte, de crescimento de ao menos 5%, com ampliação de empregos em carteira assinada e um quadro de aumento do poder aquisitivo da população. Além disso, esse mesmo país deu exemplo de como enfrentar e sair de uma das mais graves crises internacionais da história, ao estimular o consumo, com uma série de medidas, e evitar o desaquecimento da economia.

Suponha, por fim, que a autoridade monetária avalie que o panorama dessa economia seja de aumento da demanda e, consequentemente, de pressões inflacionárias. Tal autoridade, sustentada no princípio de que a economia é uma ciência exata, abre seu manual de medidas e verifica nele que a providência a ser adotada é a de manter a taxa básica de juros.

A medida atende ao mercado e conserva uma das taxas mais elevadas do mundo (juros reais de 4,2%, quando a média mundial é de 0,7%). Afinal, o manual diz que é preciso desestimular o consumo, para reduzir o risco inflacionário, mesmo que isso seja parte de uma lógica rentista, não desenvolvimentista. Palmas à autoridade monetária, certo?

Errado! E a parte incômoda é que esse país é o nosso Brasil.

O Copom (Comitê de Política Monetária) equivoca-se, antes de qualquer coisa, ao considerar a economia uma ciência exata e aplicar o mesmo receituário toda vez que o país dá sinais de pressão sobre a demanda. É algo que beira o surreal, porque repisa a tese do PIB (Produto Interno Bruto) potencial.

No cenário econômico que se vislumbra ao Brasil, manter a alta nos juros para esfriar a demanda não ajuda a reduzir o serviço da dívida e o déficit nominal, limitando a margem de manobra do governo para garantir e até aumentar os investimentos. Inclusive aqueles feitos em infraestrutura e capazes de propiciar melhor atendimento da demanda. Fora que estimula e potencializa a gravíssima valorização do real.

Ora, o chamado mercado e o Banco Central têm que entender que, se há tanta certeza de que o consumo subirá e pressionará a inflação, é papel do governo tomar atitudes para ampliar a produção e a oferta. Medidas como incentivar e apoiar a indústria, reduzir impostos e tarifas de importação, dar crédito, desburocratizar o processo produtivo, promover e incentivar os investimentos.

Cabe ao governo frear e não subir juros. Aumentá-los é a pior solução em um país com alto serviço da dívida interna e a segunda maior taxa de juros reais do mundo. Ao invés disso, melhoria seria pressionar para que os bancos privados reduzam os inacreditáveis spreads de 32%.

As velhas certezas dos analistas e burocratas são, na verdade, cortina de fumaça para defender os proventos de rentistas e do capital financeiro, sempre na contramão dos interesses nacionais. Nosso Banco Central e nossa autoridade monetária não podem trabalhar com essa lógica.

Incentivos às exportações

Brasil Econômico, 14 de janeiro de 2010

Desde o início do governo do presidente Lula, em 2003, o volume das exportações brasileiras cresceu de forma consistente ano após ano, atingindo em 2008 seu maior nível em toda a história: US$ 197,9 bilhões. Com a crise internacional e a valorização de 33,91% do real ante o dólar, o país viu cair significativamente os ganhos com as exportações. Em 2009, o total obtido foi de US$ 152,2 bilhões, ou seja, retornamos ao patamar de 2007.

Talvez tenha sido o setor exportador o maior prejudicado na crise econômica, que abateu mais os outros países que o Brasil. Ainda assim, nosso saldo comercial em 2009 foi positivo (US$ 24,6 bilhões). Aliás, foi no governo Lula que assistimos o superávit comercial saltar, graças a uma política de estímulos à exportação.

Uma dessas ações foi a nova condição dada à Apex (Agência Brasileira de Promoção de Exprotações), que ganhou mais autonomia e atuou para abrir espaços aos produtos brasileiros nos mercado internacional. O papel da Apex tem sido fundamental para ampliar a venda de serviços, tecnologia, matérias-primas, alimentos e bens que reúnem maior valor agregado.

Neste início de 2010, foi anunciada a decisão de liberar a compra no Brasil e no exterior de insumos para a fabricação de bens destinados à exportação. Esses insumos terão alíquota zero ou reduzida. Na prática, a medida estende o drawback, mecanismo de isenção ou redução de tributos para matérias-primas e intermediárias de produtos para exportação.

Trata-se de um alívio na carga tributária para o setor que permitirá aumento de competitividade dos produtos nacionais, especialmente na indústria. O objetivo é dar o apoio necessário para que possam recuperar o fôlego de 2008 e seguir a tendência verificada desde 2003.

Há em gestação outras medidas positivas, como enviar mais missões comerciais, a partir de março, para divulgação dos produtos brasileiros. Estão na mira países como EUA, Colômbia, Chile, Canadá, Peru, México, Leste europeu, Oriente Médio (principalmente Irã, Arábia Saudita e Egito), Sudeste Asiático e Leste da África (Quênia, Sudão, Angola, África do Sul, entre outros).

Mas é preciso olhar com interesse o setor de inovação e adotar uma política industrial agressiva e abrangente. A área

Tempos de Planície

de tecnologia pede investimentos pesados para que possamos exportar maior valor agregado. Investir em setores como TI (Tecnologia da Informação), fármacos, aeroespacial, biotecnologia, nanotecnologia, química fina e bioquímica é um passo importante para elevarmos o Brasil de fornecedor de matérias-primas para a condição de país para exportador de capitais, serviços e tecnologia de ponta.

A abertura de novos mercados e a intensificação do comércio com os mercados para os quais já exportamos passa, necessariamente, por investimentos em infraestrutura, educação e inovação. E esse caminho pede novas políticas de comércio exterior e de financiamentos, com a criação de um EximBank e do Banco do Sul, instituições cruciais para integrar a América do Sul e permitir a expansão das exportações brasileiras.

Os empregos que o governo Lula criou

Blog do Noblat, 29 de janeiro de 2010

A geração de novos empregos talvez seja um dos indicadores mais importantes, se não for o mais importante, do desempenho de um governo.

O emprego é o motor da economia, pois, de um lado, revela muito sobre como estão os setores de comércio, indústria e serviços de um país e, de outro lado, mostra que o dinheiro está chegando às mãos dos cidadãos, estimulando o consumo e fechando o ciclo virtuoso.

Em resumo, é indicador de que a economia está girando e crescendo. Emprego em alta significa investimentos públicos e privados maiores. No Brasil, representa também a reorganização do serviço público como um todo, envolvendo Saúde, Educação, Segurança e Justiça.

Não é por outra razão que a questão do desemprego tem sido preocupação constante no mundo, especialmente após o estouro da bolha imobiliária dos EUA, que sacramentou a maior crise econômica internacional desde 1929.

Nesta semana, em seu relatório "Tendências Mundiais do Emprego", a OIT (Organização Internacional do Trabalho), braço das Nações Unidas, informou que o índice de desemprego na população economicamente ativa foi de 6,6% em 2009.

São 212 milhões de desempregados, um recorde desde que o estudo foi iniciado. Segundo a OIT, desde o despontar da crise, em 2007, até o ano passado, foram 34 milhões de desempregados a mais ao redor do globo.

Para 2010, a perspectiva não é animadora: estima-se em 7% a taxa de desemprego mundial, ou mais 16 milhões de pessoas.

Os dados confirmam também que o cenário brasileiro é, de fato, diferenciado. Exemplo de enfrentamento da crise econômica, o Brasil conseguiu criar novos postos de trabalho com carteira assinada em 2009, destoando do restante do planeta.

As medidas adotadas pelo governo Lula foram responsáveis por evitar o desaquecimento da economia e levar à criação de quase 1 milhão de empregos (995.110, dados do Caged).

O cenário positivo vale também para 2010. A previsão do ministro do Trabalho, Carlos Lupi, é de geração de 100 mil novos empregos em janeiro e de 2 milhões até o final do ano.

Tempos de Planície

A expectativa positiva se sustenta por conta dos impactos na economia local dos programas sociais, do aumento real do salário mínimo e dos benefícios da Previdência, além da reorganização dos serviços públicos.

Certamente os resultados de geração de emprego ao longo de seus dois mandatos pesaram na escolha de vários veículos de comunicação europeus e norte-americanos do presidente Lula como a personalidade de 2009.

Pesaram também na escolha de Lula para o prêmio "Personalidade Global" – o equivalente a estadista do ano – no Fórum Econômico Mundial de Davos (Suíça).

Em texto publicado na *Folha de S.Paulo*, sob o título "Os empregos que Lula deve", o colunista Clóvis Rossi cobrou do governo Lula a geração dos 10 milhões de empregos prometidos durante a campanha de 2002.

Na conta de Rossi, que considera o período 2003-2007, foram gerados 8,725 milhões de novos empregos.

Na realidade, os dados da Rais (Relação Anual de Informações Sociais) e do Caged (Cadastro Geral de Empregados e Desempregados) revelam que foram contratados pela CLT e como estatutários 11.752.763 novos trabalhadores em todo o país.

Desde o início do governo Lula, o número de trabalhadores em todo o Brasil cresceu 33,86%.

Esse dado revela a preocupação que o governo teve de equilibrar a economia ao mesmo tempo em que cuidava da distribuição de renda, via geração de emprego.

Porque o país precisa crescer economicamente, mas ampliando ano a ano o número de pessoas que irão fazer parte desse crescimento. Essa foi uma preocupação do governo desde seu primeiro dia de trabalho.

Mas é preciso reconhecer também a competência do governo Lula para dar esse salto. Sob o governo Lula, foram criados empregos até em ano de profunda crise internacional e sem pôr em risco o controle da inflação, a meta de superávit fiscal, o aquecimento da economia e as significativas reservas externas (US$ 250 bilhões).

O número de vagas criadas só em 2009 é 20% maior do que os 800 mil postos de trabalho criados em todo o segundo mandato do tucano Fernando Henrique Cardoso.

Há quem queira fugir dessa comparação. Mas o melhor para o Brasil é que neste ano de grandes definições façamos a comparação do governo Lula com o governo FHC, dos tucanos e de José Serra. Porque é isso que o país quer saber.

Davos e Porto Alegre

Blog do Noblat, 05 de fevereiro de 2010

Já ouvi algumas vezes que em economia a surpresa vem sempre de onde menos se espera. Foi exatamente isso o que o mundo viu acontecer na grave crise financeira internacional iniciada com o estouro da bolha imobiliária dos EUA em 2008.

A pior crise desde 1929 inverteu a lógica e fez dos países desenvolvidos os atuais focos de instabilidade global e das nações em desenvolvimento os pontos de segurança e confiabilidade. Que economista ou analista poderia prever tal cenário?

Por sua extensão, profundidade e rapidez com se espalhou, a crise criou um cenário completamente distinto para o Fórum Econômico Mundial, realizado em Davos (Suíça), neste final de janeiro. As autoridades econômicas estão ainda buscando alternativas de como superar o período agudo e de como lidar com a nova configuração pós-crise.

Nenhum dos presentes em Davos diria, há cinco anos, que os países emergentes teriam tanta importância no mundo como têm hoje – em especial, os chamados Brics (Brasil,

Rússia, Índica, China e África do Sul). Muito menos que o G8 (grupo dos oito países mais industrializados e a Rússia) se transformaria em história do ponto de vista de seu poder de decisão, dando lugar para o G20 (que reúne as vinte maiores economias do globo). Da mesma forma, não se esperava que Irlanda, Itália, Grécia, Reino Unido e (pasmem!) alguns Estados americanos estivessem na lista de riscos de calote de Nouriel Roubini.

Meio a contragosto, o Fórum Econômico Mundial foi permeado pela certeza de que o receituário neoliberal fracassou, de que é preciso regular a atividade financeira e de que os governos salvaram os bancos.

A conta foi salgada. Nos EUA, US$ 2,683 trilhões para salvar os bancos (ou 18,1% do PIB); no Reino Unido, US$ 1.476 trilhão (68,7%); na Alemanha, US$ 669,2 bi; no Canadá, US$ 631,1 bi (22,3%); na Irlanda, US$ 648,3 bi; e na Espanha, US$ 376,3 bi. Isso além de Holanda, Suécia, Japão e outros países.

Viu-se resistência em Davos a um controle maior do sistema financeiro. As contrapartidas dos bancos podem vir por meio de impostos mais elevados e por um controle mais rígido dos bônus de seus executivos.

Iniciativas como fazer o pagamento por etapas, estabelecer um teto de valores e adotar medidas para regular o

Tempos de Planície

sistema financeiro internacional são fundamentais para evitarmos uma nova crise com as características desta no futuro. E isso é o mais importante, evitar que os bancos voltem a exercer práticas e funções que levaram o mundo à crise.

É justamente essa discussão que os banqueiros não querem que seja travada. Tais ideias foram recebidas por banqueiros e agentes do mercado como excesso de intervenção estatal na economia. A resistência se deu, inclusive, às propostas do presidente dos EUA, Barack Obama, para tentar controlar os excessos e a farra do sistema financeiro mundial.

Davos também foi marcada pela premiação ao presidente Lula com o título de "Estadista Global". Esta foi uma forma de homenagear o Brasil pelo enfrentamento da crise com políticas que vêm sendo bem-sucedidas, mas também por ter se transformado em importante interlocutor mundial.

Lula não pôde comparecer, mas seu discurso deixa claro porque o Brasil é hoje respeitado internacionalmente: "mudou prioridades", "rearranjou modelos", "impôs um novo ritmo de desenvolvimento ao país", incluiu 31 milhões de pessoas na classe média, retirou 20 milhões da pobreza absoluta, elevou as reservas externas de US$ 38 bilhões para US$ 240 bilhões e pagou a dívida externa.

Ainda que por necessidade, foi a primeira vez que o Fórum Econômico Mundial se defrontou, de fato, com

José Dirceu

o slogan "um outro mundo é possível", do Fórum Social Mundial, que completou dez anos em 2010, em Porto Alegre. Porque cada vez mais se consolida o entendimento de que é preciso repensar a economia mundial a partir de outros parâmetros, o que é uma das lições da crise e um antigo diagnóstico do Fórum Social.

Embora tenha terminado sem uma agenda política definida, o encontro de Porto Alegre fortaleceu uma série de reflexões que vem se desenvolvendo ao longo dos anos a partir da sociedade. Entre elas, a importância do direito à comunicação e a mídias alternativas, a necessidade de mudança nas relações trabalhistas, a carência de investimento maior em saúde e a relevância da redução das causas das mudanças climáticas aliada à inclusão social.

Nesse contexto, o Estado joga um papel decisivo. Não só como boia de salvação quando tudo dá errado, tal qual desejam banqueiros e as proposições neoliberais, mas como indutor de crescimento sustentável e com distribuição de renda, caminho que vem sendo trilhado no governo Lula. De alguma forma, neste ano, Davos pediu ajuda a Porto Alegre.

Bases do desenvolvimento

Brasil Econômico, 18 de março de 2010

Nos últimos sete anos, o Brasil presenciou a implantação de um novo modelo de desenvolvimento calcado em quatro pontos essenciais: crescimento econômico com estabilidade, expansão do mercado interno, reinserção do país no plano internacional e redefinição das prioridades dos gastos públicos.

Essas bases explicam o processo que nos tem levado, nos últimos anos, a um ciclo virtuoso de crescimento econômico sustentável e avanços sociais.

Crescemos com estabilidade com vigilância contínua da inflação, ao mesmo tempo em que não abrimos mão de, aos poucos, baixar os juros – embora ainda haja espaço para melhorarmos nossa taxa real. Acumulamos, também, reservas em volumes respeitáveis, que nos permitiram mudar a forma de enfrentar as instabilidades econômicas, como vimos na última crise mundial.

Os bons resultados econômicos também se devem ao segundo "movimento": a expansão do mercado interno.

José Dirceu

Graças a diversos programas de distribuição de renda, além de valorização sistemática do salário mínimo e de incentivos ao crédito e ao consumo, milhões de famílias deixaram o poço da exclusão e se tornaram economicamente ativas.

Mais consumo significa mais produção. Por isso, a distribuição de renda foi responsável por impulsionar a geração de empregos, que bate recordes.

São demonstrações de força e potencial que levaram o Brasil a aumentar o leque de nações com as quais mantém relações comerciais e a figurar entre os grandes da diplomacia mundial. Nos últimos anos, o Brasil comandou uma ação de paz das Nações Unidas, no Haiti, venceu batalhas importantes nas discussões da Organização Mundial do Comércio e se apresentou, nesta semana, como uma alternativa para conduzir as negociações de paz no Oriente Médio. Nunca havíamos tido tanta relevância internacional.

O quarto eixo é transversal aos demais: o Estado brasileiro tem sido cada vez mais planejador, executor e indutor do desenvolvimento. Papel exercido por meio de políticas sociais de combate à miséria e de fortalecimento do mercado interno, mas, substancialmente, a partir de investimentos que catalisaram os avanços e insuflaram nossas perspectivas de desenvolvimento.

Tempos de Planície

A referência estatal veio, por exemplo, com o PAC (Plano de Aceleração do Crescimento), as parcerias público-privadas e a revisão do papel do BNDES (Banco Nacional de Desenvolvimento Econômico e Social) e do investimento público. Chamarizes para a retomada do investimento privado, fundamental ao avanço do País.

Essas foram as bases que nos permitiram chegar a um movimento crucial: o Brasil tem ao alcance das mãos a oportunidade de deixar de ser o eterno país do futuro para se firmar como o país do agora. Nosso atual modelo de desenvolvimento abre uma porta para que alcancemos o objetivo de nos tornarmos a 5ª maior economia do globo em 2020.

A chave está em continuarmos a gerir com responsabilidade e planejamento a estupenda riqueza natural e humana que o Brasil tem à disposição.

2009 acabou?

Brasil Econômico, 22 de abril de 2010

Os movimentos econômicos dos últimos anos são profundamente didáticos para quem quer entender os mecanismos de perpetuação da hegemonia de uma oligarquia financeira nos EUA e no mundo. De meados de 2008 ao fim de 2009, vimos a mais grave crise do capitalismo em 150 anos. Tão logo os mercados se viram na iminência de dissolução, propalou-se a tese da necessidade de reformulação do modelo financeiro vigente e de adoção de meios de regulação para se impedir, e punir, as obscenidades que levaram ao descontrole.

Em uníssono, todos pediram a presença do Estado, logicamente via recursos públicos, para socorrer aos protagonistas da crise. Nos maiores centros, EUA e Europa, que ainda concentram as instâncias decisórias, tomaram a dianteira as nações que propuseram intervenção maior do Estado. Assim, a saída foi a injeção de trilhões de dólares na economia – só nos EUA, o valor chegou a um PIB brasileiro!

José Dirceu

A contrapartida estaria em duas vertentes: compromisso maior de retorno à sociedade e mudança nas regras de atuação dos agentes econômicos. Caminhou-se para reforma dos organismos como o FMI (Fundo Monetário Internacional), o Bird (Banco Mundial), a OMC (Organização Mundial do Comércio) e a ONU (Organização das Nações Unidas), sempre com o intuito de possibilitar maior participação dos demais países e dos novos atores emergentes – como Brasil, China, Índia, Rússia e África do Sul, entre outros.

Próximo de completar dois anos do estopim da crise, o mundo vê que, principalmente por parte dos EUA, foram mínimas as exigências de contrapartida pelo socorro de trilhões. A banca estava de joelhos e caberia aos Estados retomarem a condução do processo de desenvolvimento, cobrando um compromisso maior. Mas o tempo passou, 2009 se foi e, hoje, o mercado retoma as mesmas práticas pré-crise e se vê em condições novamente de frear a regulação estatal.

A bem da verdade, se havia expectativa com a crise de profundas alterações, hoje, vemos que pouco mudou: a fraude e a manipulação dos mercados continuam, não há regulação e fiscalização, o sistema e as instituições mundiais não passaram por reformas, enfim, seguimos nas mãos dos especuladores.

Tempos de Planície

Nesse contexto, a desvalorização do yuan chinês é apontada como vilã, mas na verdade são os EUA que forçam o dólar para baixo unicamente com o objetivo de passar a conta da crise para outros países – inclusive o Brasil, que precisa atuar no câmbio. A China está apenas dizendo aos EUA que não será em cima dos chineses que os norte-americanos irão navegar.

Enquanto isso, no Brasil, o presidente do Banco Central defende a alta dos juros, dizendo que é possível aumentar a Selic sem fazer o carro capotar, porque dá para conduzir "uma política racional abaixo do Equador". Defende o receituário rentista, esquecendo-se de que é acima da linha do Equador que predominam as políticas irracionais que levaram à crise e que voltam a ganhar força. Parece que nada se aprendeu com a crise e que evaporou o poder de pressão dos governos ante ao mercado. É preciso dizer que 2009 não acabou.

Compromisso com
a reforma tributária

Brasil Econômico, 03 de junho de 2010

As excelentes perspectivas de alto índice de crescimento econômico para 2010, com possibilidades de manter o panorama nos próximos anos, reforçam a necessidade de o Brasil solucionar um grave problema que se arrasta há décadas: equacionar o atual sistema tributário nacional.

O governo Lula encaminhou ao Congresso Nacional proposta que tocava no cerne dos desequilíbrios fiscais entre os Estados, a forma de cobrança do ICMS (Imposto sobre Circulação de Mercadorias e Serviços). O modo como o tributo é recolhido atualmente é verdadeiro estímulo à guerra fiscal. Infelizmente, a oposição se apequenou, com José Serra e a bancada paulista à frente. A consequência foi a não aprovação da proposta.

Por isso, mudar o sistema tributário brasileiro é tarefa de primeira hora do próximo presidente. Nesse sentido, é extremamente positivo o compromisso assumido pela pré-candidata

José Dirceu

do PT e dos partidos aliados, Dilma Rousseff, de enviar ao Congresso um novo projeto de reforma tributária caso seja eleita. Os demais pré-candidatos deveriam fazer o mesmo.

As mudanças propostas por Dilma passam por colocar um ponto final na tributação em cascata, a partir da simplificação dos impostos e da mudança da sistemática de cobrança do ICMS. O imposto se transformaria no IVA (Imposto sobre Valor Agregado), a ser cobrando uma vez apenas no Estado de consumo do produto, ao invés do Estado produtor. PIS e Cofins seriam também incorporados ao IVA.

A mudança permitiria ao país trocar a atual babel do ICMS, com pelo menos 27 legislações diferentes, por um sistema de cobrança mais racional. Os que desejam manter o atual sistema dizem que irão surgir conflitos federativos com a nova forma de cobrança do ICMS. Tal problema pode ser solucionado no bojo de uma reforma que crie um fundo de compensação aos Estados e municípios que venham a ser prejudicados com o IVA – como, aliás, propôs o governo Lula.

Além da unificação de impostos, Dilma aponta a necessidade de um novo modelo tributário que tenha como sustentação uma política planejada de desoneração para diversos setores – do petróleo à energia elétrica, passando pelos bens duráveis e de capital. É o caso do setor de medicamentos, que deve ser desonerado, mas sem esquecer a importância de se reduzir a carga sobre os remédios e, ao mesmo tempo, diminuir o preço.

Mas é necessário também avançar rumo à extinção do salário educação e à desoneração da folha de pagamentos. E, até a aprovação da reforma tributária, é possível zerar a alíquota de PIS e Cofins para setores importantes, como os de saneamento básico, conforme mencionou Dilma.

Esse conjunto de alterações vai permitir pôr fim às distorções, reduzir o peso dos tributos sobre governos e empresas, ampliar a competitividade, estimular o investimento, favorecer as exportações e incrementar a geração de emprego para além dos excelentes resultados que já vêm sendo conquistados no governo Lula. Trata-se de caminhar para fazer do Brasil um país mais justo, com menos entraves ao crescimento sustentável e propício aos investimentos.

Política industrial

Brasil Econômico, 15 de julho de 2010

Tem aumentado a preocupação da oposição com o futuro da economia, em especial, com um suposto processo de desindustrialização do país. São usados argumentos como o aumento das importações. Pura ação eleitoral. Se a tese é de que estamos nos desindustrializando, o bom senso recomenda buscar indicadores que a sustente.

Na Pesquisa Industrial Mensal do IBGE, vê-se que, em maio, a indústria teve expansão de 14,8% sobre o mesmo mês de 2009. Nos cinco primeiros meses, a alta é de 17,3%. A projeção para 2010 é de alta de 11,5% na produção industrial.

Interessante notar que o avanço industrial foi puxado pelos setores de eletrônicos e equipamentos de comunicação (6,1%) e máquinas para escritório e informática (5,7%), cuja produção permite agregar valor. Os bens de capital também cresceram (1,2%).

Tais indicadores são suficientes para derrubar a mal-fadada tese de perda da capacidade industrial. Em menos de

José Dirceu

uma semana, o Brasil Econômico publicou três notícias que ressaltam essa realidade.

A manchete da última segunda-feira relatou a certeza de europeus em relação ao crescimento na próxima década: quarto principal destino de investimentos diretos, o Brasil tornou-se atraente – foram US$ 38 bilhões em 2009. No dia 7 de julho, o jornal informou que a Siemens abrirá nova frente de exportação a partir da fábrica de Jundiaí, em São Paulo, e a Moksha8 estudava instalar aqui uma fábrica de biomedicamentos.

O fenômeno não é exclusividade das estrangeiras: a Camargo Corrêa, seguindo a concorrente Votorantim, anunciou R$ 14 bilhões na indústria de cimento.

O forte consumo interno de diversos produtos – carro, TVs de alta tecnologia, imóveis, vestuário e medicamentos – motivou o crescimento industrial. Alguns exemplos: as vendas de eletrodomésticos dobraram nos últimos cinco anos, a automotiva bateu recorde em 2009 (11,4% a mais de vendas que em 2008) e a farmacêutica de tamanho. Segundo a FGV, 40% da indústria vai expandir a capacidade em 2010. Afinal, o IBGE mostra que o índice de confiança está elevado no setor.

Temos ampliado investimentos em infraestrutura, petróleo, gás e energia, no setor químico, de fertilizantes, eletroeletrônico e de bens de capital. Crescem as importações de máquinas e equipamentos (26,5% no primeiro semestre de 2010), o que revela que a indústria está se robustecendo, não minguando – a melhora se reflete também no avanço de 250% da nossa participação no exterior.

Há ainda a aproximação da indústria brasileira com o governo federal em parcerias de estímulo à inovação empresarial. No final de junho, foram firmadas duas parcerias que resultarão em R$ 100 milhões para a formação de núcleos de apoio à pesquisa e ao desenvolvimento tecnológico. Trata-se de empurrar a indústria e colocá-la em um patamar adiante.

Hoje, a indústria tem desonerações, juros especiais e crédito de longo prazo do BNDES. Há apoio às exportações, à inovação, ao acesso à tecnologia e um mercado interno em expansão. Hoje, enfim, o Brasil tem política industrial.

A nova agenda econômica

Brasil Econômico, 26 de agosto de 2010

O enfrentamento da crise internacional de 2009 revelou a solidez de nossos fundamentos econômicos e a capacidade do governo Lula para diagnosticar e implantar as medidas necessárias à superação da crise. Indubitável que a aposta no consumo interno, a ampliação da oferta de crédito, via bancos públicos, a desoneração de impostos de determinados setores e a redução dos juros foram acertadas.

Mas se ainda restam dúvidas sobre os avanços no ambiente econômico nacional, um bom termômetro é observar o atual debate eleitoral. Todos os temas em discussão na agenda apontam para um olhar de médio e longo prazos; portanto, sinalizam que o governo Lula implementou mudanças capazes de deslocar o eixo das preocupações do imediatismo. É evidente que tal deslocamento é prova de que estamos no caminho certo. Hoje, o debate se concentra no que faremos com a nova condição econômica que o país possui.

José Dirceu

Somos capazes a partir deste momento de centrar esforços para a superação de desafios relevantes, mas menos emergenciais. Vejamos: a inflação está sob controle, temos as menores taxas de juros reais dos últimos dezesseis anos, experimentamos taxas de geração de emprego de dar inveja, ampliamos nosso mercado interno via inclusão de 31 milhões nas classes médias, reduzimos o número de famílias em situação de miséria e diminuímos desigualdades regionais.

São avanços ainda em curso, mas importantes no projeto de nos tornarmos a quinta maior economia do mundo. A superação dessa fase inicial nos apresenta um conjunto novo de desafios. Precisamos equacionar o desequilíbrio de nosso câmbio e desidratar mais nossa taxa de juros, medidas importantes para o setor exportador e para diminuir nosso déficit em contas correntes.

Há, contudo, um conjunto de preocupações que, atendidas, consolidarão o caminho de um novo Brasil. Assim, pouco a pouco centramos o debate na resolução dos entraves logísticos e de infraestrutura para escoamento da produção, na qualificação de nossa força de trabalho, na criação de mecanismos que favoreçam a poupança pública, na elevação para entre 22% e 25% da nossa taxa de investimento em relação ao PIB e no desenvolvimento de políticas de incentivo à pesquisa, a avanços tecnológicos e à inovação. Todo

Tempos de Planície

esse arcabouço de desafios desemboca em competitividade maior e economia mais robusta.

Boa parte dessa agenda já começou a ser enfrentada. Programas como os PACs 1 e 2 (Programas de Aceleração do Crescimento), o "Minha Casa, Minha Vida" e o Luz para Todos integram esse esforço, atacando as carências de infraestrutura a partir de um eixo de inclusão via geração de empregos. Há também ações para qualificação do trabalhador, muito embora o problema do Ensino Médio e técnico ainda esteja longe de ser solucionado. Crescem os programas de valorização e estímulo à pesquisa e inovação e, em breve, o governo anunciará medidas para atrair a iniciativa privada a investir mais fortemente no país. A realidade atual brasileira revela que já entramos em uma nova etapa na economia. Cabe a nós aprofundarmos o debate sobre essa nova agenda e seguir no caminho iniciado no governo Lula.

A queda de um dogma

Brasil Econômico, 14 de outubro de 2010

Não é de hoje que a moeda é usada como instrumento de pressão. A crise econômica internacional de 2009, no entanto, tem direcionado as nações desenvolvidas e em desenvolvimento para uma "guerra cambial". Em suma, os EUA têm operado com uma taxa de juros baixíssima e produzido dólar suficiente para enxurrar o mundo com sua moeda – US$ 2 trilhões.

A estratégia é tentar animar sua economia, minimizando os efeitos da crise, e empurrar parte da conta para as nações em desenvolvimento – o Brasil, por exemplo.

O derretimento do valor do dólar no mundo, no entanto, cria obstáculos às demais nações, obstruindo as saídas de exportação.

Nesse ponto reside o nó cambial: a China, com reservas de trilhões de dólares, já mostrou que não deixará o dólar flutuar sobre sua moeda, o que significa na prática que não aceita o ônus de prejudicar suas exportações para arcar com a salgada conta noret-americana.

Europa e outras nações em desenvolvimento, como o Brasil, têm também tomado medidas para proteger suas moedas.

O resultado dessa "guerra cambial" é, por hora, a derrubada de mais um dogma tão caro ao (neo)liberalismo econômico: o do câmbio livre à mercê do mercado e das "forças espontâneas reguladoras".

A doutrina ortodoxa apoiada por interesses financeiros e comerciais dominantes tenta negar que os governos manipulam e arbitram suas taxas de câmbio para além das forças do mercado. Mas é evidente que a questão do câmbio depende de razões econômicas e comerciais e dos interesses das nações e dos governos.

Na década de 1990, quando o governo brasileiro engolia os remédios prescritos pelo Consenso de Washington, interessava o dogma do câmbio fixo, que custou a nós e aos argentinos dez anos de estagnação, uma dívida pública que pagamos até hoje, taxas elevadíssimas de juros e pedidos de socorro ao FMI.

No atual momento, o receituário é o inverso: mantenham o câmbio flutuante, para poderem as nações desenvolvidas "surfarem" sobre as em desenvolvimento. Felizmente, o atual governo já mostrou que irá operar em conformidade com os interesses nacionais. Assim, tem atuado com medidas de controle do câmbio, ciente de que apenas um acordo entre governos poderá conter a malfadada "guerra cambial". Sem um acordo entre governos, temos que nos defender e nos preparar para o pior nessa "guerra cambial", que é também "comercial".

O caminho é a adoção de outras medidas para além do aumento do IOF, como o controle dos capitais e a redução da nossa taxa de juros. O momento é de derrubar o dogma do câmbio flutuante ao bel-prazer do mercado e, sem ilusões, ter consciência de que as taxas de câmbio são decisivas para o crescimento, o nível de inflação e as exportações.

Não podemos e não devemos aceitar o apelo e a pressão dos EUA e da Europa para que apreciemos nossa moeda segundo seus interesses. Porque, como em outros momentos de crise, o resultado é exclusivamente impulsionar suas economias endividadas e estagnadas usando o bom momento da nossa como mola.

Capítulo 6

Infraestrutura

Apagão aéreo ou apagão de uma era?

Jornal do Brasil, 05 de abril de 2007

Tive muitas dúvidas ao escrever sobre o tema do apagão aéreo, pois me parecia que tudo o que tinha a ser dito sobre o assunto já tinha sido escrito. No entanto, depois de ler quase tudo o que foi publicado, avalio que é preciso ir ao fundo dessa questão, para encontrar as respostas que signifiquem a superação efetiva da crise.

Não é crível que, depois de 22 anos do final do regime militar, ainda convivamos com a militarização do controle do espaço aéreo, e tenhamos hierarquia e disciplina militar numa função essencialmente civil no mundo todo. Até a criação da Agência Nacional da Aviação Civil, no primeiro governo Lula, tudo estava nas mãos do Departamento de Aeronáutica Civil, o DAC, um organismo militar.

Numa conjuntura de crescimento da economia e das exportações, do turismo e do uso, cada vez maior, do avião pelas empresas e famílias, assistimos, com quase nenhuma

José Dirceu

intervenção do governo, ao fim de três empresas aéreas – Vasp, Transbrasil e Varig –, ao surgimento da Gol e à consolidação da TAM como a maior empresa do país.

A Infraero, empresa estatal responsável pela construção e administração dos aeroportos do país, retomou sua função no governo Lula, e reformou praticamente todos os aeroportos do país. Cumpriu seu papel, mas está claro que não tem recursos e nem mesmo capacidade gerencial e administrativa para fazer frente ao crescimento do tráfego aéreo e da demanda. No fundo da crise dos controladores, temos uma questão grave que é a falta de recursos para modernizar e administrar várias áreas da administração pública. E a recusa (ou incapacidade) de ceder, para a iniciativa privada, setores como os da construção e administração de aeroportos.

Ou enterramos uma era, suas estruturas equivocadas e seus métodos de gestão e administração, ou vamos conviver com crises periódicas em vários setores do Estado brasileiro.

A identificação dos dois principais problemas que estão na raiz da crise atual do controle aéreo mostram que eles fazem parte do passado recente, que insistimos em não enterrar. São eles: a falta de recursos para modernização e manutenção do sistema de controle aéreo do país, fruto do contingenciamento do orçamento de maneira linear e burra, e a administração militar dos controladores aéreos.

Tempos de Planície

Ou deixamos de lado, definitivamente, a política de contingenciamento sem critérios e sem transparência; sem discussão no Parlamento e na sociedade; às vezes, sem discussão dentro do próprio governo, ou vamos conviver com crises como a dos controladores. Na verdade, crises anunciadas.

Sobre a militarização do setor, a raiz do problema é mais geral e, também, mais grave. Está na não constituição, de fato, do Ministério da Defesa, e na falta de definição, na prática, de uma política de defesa nacional pelo poder civil, incluindo o Congresso Nacional e o Executivo. Agora, é hora de juntar os cacos da crise e retomar o trabalho de planejamento na área da aviação civil e aeroportos. E decidir, rapidamente, onde e quando começar a construir novos aeroportos.

É preciso desmilitarizar, imediatamente, o controle aéreo e a aviação civil, descontingenciar totalmente o setor e decidir se o país dará ou não concessão à iniciativa privada para construir e administrar aeroportos. Se não for esse o caminho, é preciso alocar recursos para a modernização, expansão de terminais, construção de novas pistas e novos aeroportos, que, na verdade, são mais do que aeroportos, são portos secos, zonas de exportação, distritos industriais.

Também os aeroportos, aos poucos, mais se parecem com shopping centers; sua administração se torna cada vez mais complexa, e a fiscalização e segurança são áreas de alto risco e exigem a presença inteligente da Polícia e da Receita Federal, além da Defesa Sanitária.

O país precisa virar a página e retomar o papel do Estado brasileiro naquilo de que não podemos abrir mão: o planejamento público do desenvolvimento econômico, que inclui a definição de parcerias com a iniciativa privada, quando for necessário e onde for urgente.

Seminário sobre o pré-sal no Recife

Seminário sobre o pré-sal no Recife, 27 novembro de 2008

Meus amigos:

Compromissos inadiáveis assumidos anteriormente impedem-me de estar presente, como eu gostaria, a esse Seminário Sobre a Importância do Pré-Sal, promovido pela FUP, a CUT e o SindiPetro de Pernambuco. Quero me desculpar com os amigos, e não poderia deixar de, através do companheiro Sérgio Goiana, transmitir algumas opiniões e conceitos que formei a respeito dessa fabulosa descoberta de petróleo na costa brasileira.

Antes, quero dizer aos promotores e participantes desse seminário, que tenho a intenção de contribuir no que me for possível para efetivamente tocar os corações e mentes de todos os brasileiros, e os mobilizar nessa luta por uma nova legislação para regular o setor de petróleo que garanta ao Estado brasileiro controlar e planejar os investimentos dos recursos provenientes do pré-sal.

José Dirceu

Não pude comparecer a este do Recife, já participei de seminário anterior, em Salvador, e pretendo participar de tantos outros quanto for convidado, porque torço para que esta nova cruzada nacional atinja a importância, as dimensões e apaixone tanto a nossa gente quanto a histórica campanha "O Petróleo é nosso" que resultou na criação da Petrobras.

Companheiros:

Os Estados Unidos consomem 7 bilhões de barris de petróleo por ano, o que corresponde a 25% do consumo mundial. Suas reservas são de 28 bilhões de barris, o que atende a uma demanda de apenas quatro anos. Em outras palavras, os Estados Unidos precisam – e como ! – do petróleo do mundo. Sem entender isso não vamos unificar o país em torno de uma nova política para as novas reservas descobertas na camada pré-sal pela Petrobras.

O Brasil tem 14 bilhões de reservas e consome cerca de 800 milhões de barris. As recentes descobertas de reservas petrolíferas no litoral brasileiro vieram confirmar o óbvio – já somos autossuficientes e estamos nos transformando em um país exportador de petróleo. Nos próximos anos, poderemos exportar 500 mil, 1 milhão de barris ao dia, fora o fato de que seremos um país com a quarta ou quinta reserva de petróleo do mundo, nos equiparando ao Iraque, por exemplo.

Tempos de Planície

Mas ter imensas reservas não é tudo. Ao contrário, pode ser o começo de grandes problemas. Daí a necessidade de se redefinir a política brasileira de petróleo estabelecendo diretrizes para o futuro – exatamente como vocês defendem e, quero lembrar, como propôs o presidente Lula logo após o anúncio das descobertas do poço Tupi.

As recentes descobertas de reservas petrolíferas no litoral brasileiro vieram confirmar o óbvio – já somos autossuficientes e estamos nos transformando em um país exportador de petróleo. As consequências dessas descobertas na chamada camada pré-sal são de longo alcance.

Mas exigem, desde já, uma reavaliação de nossas políticas para o petróleo, gás e energia; da legislação, aprovada em 1977, que permitiu a exploração por licitação e concessão privada de nossas reservas; da política de distribuição de royalties para os estados e municípios; da nossa política tributária; e do próprio papel da Petrobras.

Devemos exportar de forma planejada para preservar nossas reservas, derivados e não óleo bruto. E a renda da exploração dessas reservas deverá revertida para o desenvolvimento social e econômico do país – para a educação, ciência e tecnologia, a infraestrutura de transportes e urbana. É preciso, com base nesse novo ativo, capitalizar a Petrobras e preservar seu papel estratégico no desenvolvimento do país, tornando viáveis novos investimentos.

José Dirceu

Tendo essas metas como objetivo, acredito que poderemos definir o novo marco regulatório, preservando a participação da Petrobras e das empresas privadas vencedoras das licitações já feitas, inclusive na área do pré-sal. E ainda criar as condições para alavancar as centenas de bilhões de dólares necessários para os novos investimentos, garantindo as bases para dar resposta aos desafios tecnológicos da exploração do petróleo no pré-sal.

A pergunta que temos que fazer é uma só: quem se beneficiará com as novas descobertas? Os acionistas da Petrobras, inclusive a União? As empresas que venceram e as que vierem a ganhar as licitações dos blocos para exploração do petróleo recém-descoberto? Os estados e municípios que se beneficiam pelo acidente natural do petróleo estar em seu subsolo?

A outra pergunta que devemos fazer é se devemos manter o atual marco regulatório. Devemos continuar leiloando os blocos para exploração com os mesmos critérios e condições daquela época (1977), quando o barril de petróleo não custava 20% do valor atual? Devemos manter a mesma estrutura tributária do passado e a mesma destinação para os extraordinários ganhos da Petrobras, que podem chegar a US$ 100 bilhões ao ano no futuro? Vamos continuar com o atual sistema de distribuição de royalties? Ou vamos mudar e tratar as reservas de petróleo que estão sendo descobertas

Tempos de Planície

como propriedade da nação e não das empresas, inclusive da Petrobras, dos estados e municípios?

As reservas de petróleo do pré-sal são propriedade da nação, da União e devem ser exploradas de forma planejada para preservar essa fonte de energia esgotável. O Brasil deve mantê-las e explorá-las sobre controle nacional, buscando parcerias com a iniciativa privada nacional e estrangeira. Sua exploração deve ter eixo e objetivo principais o desenvolvimento tecnológico do país e de sua indústria de material de petróleo e gás e a construção naval, por exemplo.

Como vocês veem, o desafio é tão grande quanto foi o da fundação da Petrobras há 56 anos e do desenvolvimento de toda tecnologia que hoje o Brasil domina. E a condição para o sucesso, meus amigos, é a unidade do país em torno desse programa que garantirá nosso futuro energético e recursos para seu desenvolvimento econômico e social.

Sem a dependência a uma única fonte de energia e sem esgotar a curto prazo a riqueza que acabamos de encontrar, e que não pertence a essa ou aquela empresa e sim à Nação. E essa unidade a que me refiro, virá, não tenham dúvidas, à medida do êxito que obtivermos que vocês desencadeiam, a partir do Rio, de Salvador, daqui do Recife e que, com certeza, se propagará por todo o território nacional.

A questão aeroportuária

Brasil Econômico, 05 de novembro de 2009

Há 15 dias, publiquei neste espaço artigo sobre o problema que o país enfrenta em relação à administração de seus aeroportos e à necessidade de mais investimento no setor para atender aos requisitos da Copa do Mundo de 2014 e das Olimpíadas de 2016.

Defendi que as melhorias só serão possíveis com a iniciativa privada. Por isso, propus mudar o atual modelo de administração de aeroportos para o de concessão pelo critério de maior outorga. O interesse privado é garantido e o valor ofertado ao Estado é certeza de investimento nos demais terminais.

Os aeroportuários argumentaram contra suposta privatização da Infraero e por mantê-la como gestora de 67 aeroportos, 80 unidades de apoio e 32 terminais de carga. Afirmaram que ela é superavitária e que o grosso de sua receita vem dos 12 maiores aeroportos. Por fim, admitiram ser necessária a modernização, mas disseram que as reformas já vêm sendo feitas e reivindicaram participação na gestão da Infraero.

José Dirceu

Elogio a firmeza dos aeroportuários, pois sei que o melhor modelo só sairá com o envolvimento deles. Mas é preciso diferenciar privatização de concessão. Na primeira, usada à exaustão pelo governo Fernando Henrique Cardoso, as estatais são vendidas à iniciativa privada. Já as concessões não transferem as estatais ao ente privado, pois a gestão dura o tempo fixado na licitação.

Tal diferença é crucial porque, em um setor estratégico, se o Estado vende a empresa, perde o controle dela. Mas se opta pela concessão, o edital direciona a futura administração. Minha proposta é pela concessão dos grandes aeroportos por maior valor de outorga: vence quem oferece mais recursos ao Poder Público. É uma boa forma de atrair a iniciativa privada a colaborar com o desenvolvimento do país.

Sobre isso, o especialista em logística José Augusto Valente, ex-presidente do DER-RJ e ex-secretário de Política Nacional de Transportes, destaca que as concessões manterão o controle do sistema com Infraero, Ministério da Defesa, Anac e Conac (leia o artigo de Valente). Ele mostra que a maior vantagem da outorga será ampliar o orçamento da Infraero. A outorga virá das receitas de serviços aos passageiros, movimentação de cargas e exploração comercial dos terminais.

Segundo Valente, o edital deve prever obras de conservação e ampliação dos aeroportos. Como a concessão é de longo prazo, as empresas terão interesse em investir para auferir ganhos de escala. Assim, o edital deve fixar que esses ganhos tragam retornos de tarifas ao usuário.

Com mais recursos, a Infraero sai mais forte, enterrando a ideia de privatização, reduzindo a chance de uso político e permitindo sua administração com apoio de profissionais de carreira.

Não é preciso mudar a legislação e podemos começar com o Galeão (RJ) em 2010. Em um ou dois anos, saberemos os resultados, o que balizará a decisão de estender o modelo aos demais aeroportos. O fato é que precisamos investir bilhões em poucos anos. E a melhor saída que temos para Estado, trabalhadores, entes privados e sociedade é mesmo a concessão por outorga.

A nova Petrobras

Blog do Noblat, 09 de abril de 2010

Tanto o balanço de 2009, como a previsão de investimentos para o quadriênio 2010-2014, não deixam dúvidas sobre os avanços que a Petrobras alcançou durante o governo Lula. É incontestável prova de que é possível administrar bem uma estatal deste porte quando há interesse político do governo em fazê-lo. A Petrobras torna inevitáveis as comparações do governo Lula com os oito anos de Fernando Henrique Cardoso, em que o sonho do tucanato era privatizá-la.

A diferença primordial entre os dois governos está na visão de futuro e na estratégia política, que definem claramente os papéis e objetivos das empresas públicas, conduzindo suas administrações de forma eficiente e profissional.

Com FHC e os demo-tucanos, o objetivo central era a privatização da Petrobras, com a entrega do petróleo – e do nosso mercado de gás, combustíveis e derivados – a empresas privadas estrangeiras. A resistência popular e das oposições impediu a privatização.

José Dirceu

Com Lula e o PT, a Petrobras voltou-se não apenas para o desenvolvimento de pesquisas, prospecção e exploração do petróleo, mas para contribuir decisivamente com a consolidação no Brasil de uma indústria de petróleo e gás e de máquinas e equipamentos.

O resultado está nos números de 2009: a empresa é hoje líder na prospecção e exploração de petróleo em águas profundas. O lucro líquido foi de R$ 28,982 bilhões, sendo que no quarto trimestre chegou a R$ 8,129 bilhões (11% maior que o registrado no terceiro trimestre). São números excelentes, que elevaram a Petrobras do posto de quinta empresa de capital aberto mais lucrativa nos EUA e América Latina em 2008 para a segunda, segundo a consultoria Economatica.

Em 2009, a produção total de petróleo e gás natural da Petrobras cresceu 5% em relação a 2008, chegando agora à média de 2,526 millhões de barris/dia, resultado ajudado pelo aumento na produção das plataformas P-52 e P-54 no campo de Roncador e da P-53 em Marlim Leste. A produção maior e a queda na importação de derivados do petróleo permitiu saldo comercial positivo de 156 mil barris/dia (US$ 2,9 bilhões).

Mas a Petrobras não para por aí. Se investiu R$ 70,757 bilhões no ano passado, volume recorde na história da empresa,

Tempos de Planície

a previsão para o período 2010-2014 é de algo em torno de US$ 200 a US$ 220 bilhões. Caso sejam incluídas as iniciativas do PAC 2 (segunda fase do Programa de Aceleração do Crescimento), o montante chega a R$ 264,8 bilhões.

A empresa informa que seus principais projetos estão ligados ao pré-sal: desenvolver infraestrutura à exploração das reservas, ampliar e modernizar o parque de refino, desenvolver petroquímicos e fertilizantes, gás natural liquefeito, em alcooldutos e expandir a malha de gasodutos – que acaba de receber o Gasene (gasoduto que liga as Regiões Sudeste e Nordeste).

Os reflexos desse novo patamar da Petrobras são fundamentais ao país: produção de plataformas e sondas no Brasil, ampliação das refinarias e expansão da empresa às áreas não apenas de etanol e biocombustivel, mas de petroquímica e fertilizantes, setores reestruturados sob a liderança da Petrobras.

No entanto, merece destaque a forte expansão da indústria naval, a reboque do crescimento da Petrobras e das perspectivas de investimento para os próximos anos. Há hoje nove novos estaleiros, entre aprovados e em funcionamento. Além disso, o FMM (Fundo de Marinha Mercante), de financiamento de longo prazo para o setor, estuda a implantação de mais estaleiros, de olho nas demandas criadas pela Petrobras e pelo PAC 2.

José Dirceu

Até 2009, esse boom da indústria naval recebeu aporte de cerca de R$ 15 bilhões do Governo Federal, revertidos em embarcações, estaleiros e navios. Os nove projetos voltam-se aos Estados do Amazonas, Bahia, Ceará, Alagoas e Rio de Janeiro, o principal polo naval do país.

O crescimento do setor deve-se à demanda gerada pelo pré-sal aliada à política de estabilidade e desenvolvimento da economia e ao PAC. No último balanço do programa, constam 218 embarcações e dois estaleiros, totalizando R$ 11,2 bilhões. O PAC 2 prevê investimentos em hidrovias e portos interiores, em iniciativa inédita nos últimos dez anos no país.

Destaque para as eclusas do Tucuruí, obra-símbolo da política de transporte aquaviário, iniciada há 28 anos, mas que foi este governo que teve coragem e empenho para concluir. Com as eclusas, teremos condições de investir em modais de transportes mais econômicos e menos poluentes.

Por tudo o que tem feito e conquistado, a Petrobras passa a ser uma empresa líder do setor de energia, a vanguarda da modernização tecnológica brasileira e artífice da reestruturação do setor industrial. É como se fosse uma nova empresa. E essa nova condição só foi possível com a decisão política do governo de direcionar a Petrobras nessa direção.

PAC 2: para diminuir as desigualdades regionais

Revista do Nordeste, maio de 2010

O PAC 2 (Programa de Aceleração do Crescimento fase 2) vai trazer enormes investimentos em infraestrutura para os nove Estados da Região Nordeste do país, proporcionando um ritmo de desenvolvimento ainda mais acelerado. Destaca-se, ainda, a prioridade a obras de impacto social, como creches, pré-escolas e áreas de lazer e esporte, benefícios diretos à juventude.

É crucial ressaltar esse ponto: investir em mobilidade e transporte urbano é facilitar o acesso da criança e do adolescente à educação e ao lazer. Criar opções de lazer e esporte significa aproximar o jovem de uma atividade saudável que pode se transformar em carreira – não devemos nos esquecer que o direito de sediarmos as Olimpíadas de 2016 foi uma conquista alcançada no governo Lula.

No total, em todo o país, os investimentos em energia chegarão a quase R$ 1,1 trilhão. Isso representa um salto

José Dirceu

gigantesco na qualidade dos serviços oferecidos à população e, principalmente, a possibilidade do desenvolvimento da indústria, que hoje tem como maior entrave a falta de investimentos em infraestrutura.

O que também significa mais emprego com carteira assinada. Para que a transformação do Nordeste possa perdurar, não pode deixar de passar pelo estabelecimento, no mercado de trabalho, dos jovens que têm se preparado nas escolas técnicas federais criadas nos últimos sete anos e nos programas de capacitação oferecidos pelo ProJovem.

Está claro que o Governo Lula tem, desde o primeiro ano, colocado o país em um rumo de crescimento sem precedentes, mas dando ênfase, também, a uma maior distribuição de renda. Pela primeira vez o Brasil tem uma agenda de planejamento, que o eleva a um patamar de estruturação do crescimento sustentável presente em poucos países emergentes. Esse planejamento chega a níveis locais de maneira muito eficiente, com estudos aprofundados do que é mais necessário e o que beneficiará mais cada região.

Com a verba destinada pelo PAC 2 ao Cinturão das Águas do Ceará, mais de 93% da população do Estado terá acesso ao sistema de fornecimento de água. O governo também implementará 71 projetos de energia eólica no Nordeste, dos quais dez serão no Ceará. E fará ainda outros investimentos

Tempos de Planície

na área de energia no Estado. Na capital, Fortaleza, cerca de R$ 45 bilhões serão usados para a prevenção de áreas de risco, para o saneamento, mobilidade urbana e pavimentação.

Projetos semelhantes trarão grandes benefícios para Sergipe e Pernambuco. Os estados serão contemplados nas áreas de urbanização, habitação, energia e irrigação, através de projetos como o Cidade Melhor, a Comunidade Cidadã e o Água e Luz Para Todos.

Boa parte dos portos do Nordeste também será alvo de melhorias, o que vai incrementar os caminhos da intensificação das exportações. Não será de forma imediata, mas os frutos serão mais riqueza e independência, com um desenvolvimento sustentável para toda a Região e benefícios que poderão ser sentidos em todo o país.

O novo gasoduto de integração sudeste-nordeste, o Gasene, inaugurado pelo presidente Lula em Itabuna, na Bahia, é o maior construído pelo Brasil em dez anos. Agora as duas Regiões têm as mesmas condições de receber o gás natural que sempre abasteceu o Sudeste, porque a capacidade de uso de gás no Nordeste praticamente dobrou num período muito curto – evidente consequência do crescimento regional.

Com o PAC 2 vem também a nova versão do "Minha Casa, Minha Vida", programa que irá chegar ao final de 2010 com 1 milhão de famílias beneficiadas, mola propulsora do

José Dirceu

setor da construção civil e da geração de empregos. Essa vertente do PAC 2, denominada PAC urbanização de favelas, foi, inclusive, enaltecida por participantes do Fórum Urbano Mundial 5, realizado em março, recebendo elogios de personalidades como o indiano Jockin Arputhan, presidente da Associação Internacional de Moradores de Favela.

Desenvolvimento planejado

Blog do Noblat, 10 de dezembro de 2010

Às vésperas do início do governo Dilma Rousseff, voltamos a ouvir alarmes sobre o que se convencionou chamar de "apagão logístico" – um fantasma que ronda o noticiário e os discursos da oposição desde 2003. Trata-se do medo de um "colapso iminente" das estruturas que dão suporte às grandes atividades econômicas, especialmente em relação à exportação e ao transporte interno de mercadorias.

A preocupação nasceu nos primeiros dias do governo Lula e tinha razão de ser, afinal, o Estado brasileiro havia perdido, nos oito anos de gestão tucana, a capacidade de investir em infraestrutura, decorrência da ausência de planos de longo prazo e do abandono da nossa obsoleta rede logística.

A situação exigia um trabalho concomitante que atendesse às necessidades mais urgentes e que permitisse uma preparação de médio e longo prazos. Isso foi feito, e os exemplos são inúmeros: da construção de hidrelétricas à

José Dirceu

retomada da ferrovia Norte-Sul, passando pela transnordestina e pela ampliação de portos e aeroportos. Ao final do governo Lula, o Brasil superou os entraves imediatos e passou a contar com um planejamento em infraestrutura para quinze e vinte anos. De modo que o temor com a ocorrência de um "apagão logístico" não se sustenta mais.

Os dados revelam que conseguimos recuperar a capacidade de exportação, com recordes seguidos de venda para o exterior, bem como experimentar progressivo fortalecimento do mercado interno, sem qualquer sinal de desabastecimento de produtos. A conclusão inevitável é que, se conseguimos crescer e ampliar a circulação de mercadorias, interna e externamente, não podemos falar em risco de pane de infraestrutura.

O que prevalece, portanto, é uma ideia subjetiva de que, a partir de um determinado ponto, não será possível atender à produção e ao consumo em alta, ficando o país fadado ao fracasso. Há um componente de "complexo de vira-latas" nessa compreensão. Mas se o alarme de "apagão logístico" persiste, desta vez revestido com o argumento de que as taxas de crescimento previstas para os próximos quatro anos (na casa de 4,5%) aumentarão a pressão sobre nossa infraestrutura, é porque faltam informações atualizadas – ou, quem sabe, má-fé na manipulação delas.

Tempos de Planície

Pouco se discutiu sobre a forma como governo Lula melhorou a logística no Brasil. Especialmente em comparação com os governos anteriores, assistimos a uma verdadeira revolução em infraestrutura, o que nos permite viver um bom momento e manter o otimismo no futuro – hoje, investimos mais em relação ao PIB do que o investido ao longo da década de 1990.

E as razões disso estão no enfrentamento de curto e longo prazos que os problemas de infraestrutura tiveram nos últimos oito anos. É preciso ressaltar que, logo em 2003, foi lançado o Plano de Revitalização Ferroviária, seguido da Agenda Portos e do Plano Emergencial de Trafegabilidade e Segurança nas Rodovias. Essa ação inicial abriu caminho para o desenho de planos de logística – após quase quarenta anos, o Estado voltou a projetar o desenvolvimento do setor.

A partir do Plano Nacional de Logística e Transportes, de 2007 e que projeta investimentos até 2023, a previsão é destinar R$ 290 bilhões para a modernização da malha de transportes de mercadorias e de passageiros. São recursos compreendidos nos PACs (Programas de Aceleração do Crescimento) 1 e 2, que permitirão sustentar os avanços estimados e desejados dos próximos anos.

Nesse sentido, a pauta que nos interessa é de que forma o PNLT será atualizado e aperfeiçoado nos próximos oito anos? Há nele metas importantes, como a ampliação de capacidade em portos e aeroportos (fundamentais para sediarmos a Copa-2014 e as Olimpíadas-2016), o balanceamento dos meios de transporte e o investimento em fontes de energia renováveis – no setor energético, aliás, superamos um apagão real.

Hoje, 58% do transporte de pessoas e mercadorias no país se dá por rodovias; só 25% por trens. O complexo aquaviário do Brasil, que tem potencial imenso, atende a apenas 17% da demanda. Em 2025, o plano é que a matriz de transporte brasileira seja de 30% rodoviária, 35% ferroviária e 29% por hidrovias. Será um salto qualitativo, que nos levará à condição de país desenvolvido e estruturado, permitindo maior competitividade da nossa produção no mercado global.

A certeza de que os desafios são grandes não pode nos tirar a percepção da trajetória recente no setor de infraestrutura. Em outras palavras, a necessidade de avançar mais não pode fazer os avanços conseguidos caírem no esquecimento. Afinal, se hoje conseguimos debater uma agenda de futuro, é porque superamos um dos maiores problemas que nos afligia: o apagão de planejamento.

Capítulo 7

O Brasil e o mundo

A nova realidade
das Américas

Jornal do Brasil, 16 de novembro de 2006

A vitória de Lula no Brasil coincidiu com dois aconteci-mentos aparentemente sem ligação, ambos em nosso conti-nente americano: a derrota do presidente Bush e do partido republicano nas eleições legislativas americanas e a vitória de Daniel Ortega, da Frente Sandinista, na Nicarágua. Em de-zembro, teremos eleições na Venezuela e, ainda este mês, o segundo turno no Equador. Assim vai se encerrando o ano de 2006, depois das eleições na Bolívia, Chile, Peru, Colômbia, Costa Rica e Brasil.

Com os novos governantes e as duas eleições a serem definidas, está se desenhando o novo mapa geopolítico do nosso hemisfério. A sua marca é a profunda consciência da necessidade urgente da integração política e econômica dos países latino-americanos, acima das diferenças partidárias e ideológicas, e apesar dos conflitos do passado e dos inte-resses nacionais nem sempre convergentes. A manifestação

José Dirceu

mais clara dessa realidade são as negociações, difíceis, entre o Chile e a Bolívia, na busca de uma solução ao contencioso histórico que separa os dois países – o mar e o gás –, as guerras do passado, e a perda de territórios, por parte da Bolívia, para o Chile e o Peru.

Na Nicarágua, Daniel Ortega venceu com 40% dos votos no primeiro turno, com um discurso de conciliação com os Estados Unidos, apesar das profundas diferenças que o separam de Bush e da administração norte-americana. No passado, ela financiou os contra e inviabilizou a consolidação da revolução sandinista. A Nicarágua tem um Tratado de Livre Comércio com os Estados Unidos e necessita, rapidamente, de mais investimentos e mais comércio, além de ajuda e apoio de toda comunidade internacional para combater a miséria e reorganizar a economia, começando por restaurar a capacidade energética do país, hoje em apagão.

O que mudou e o que faz Alan Garcia, presidente eleito do Peru, buscar Lula e querer se integrar com o Brasil? Simples, a necessidade de se constituir um polo integrado e solidário dos países sul-americanos. A Venezuela já faz parte do Mercosul e, junto com o Brasil e a Argentina, pode e deve ajudar e apoiar países como a Nicarágua, carentes de capitais e mercados, de tecnologia e inovação, de ajuda humanitária e social.

Cada vez fica mais claro que, além da tarefa imediata de consolidar o Mercosul e avançar na direção da Comunidade das Nações Sul-Americanas, o Brasil tem o dever de representar, junto aos Estados Unidos e à Europa, os interesses, não apenas nacionais, mas da América Latina. Prova disso é que jamais a Bolívia avançaria, em seu processo político e econômico, sem o apoio e a compreensão do Brasil e da Argentina. Em um momento em que interesses comerciais de nossas empresas são contrariados, predominou o diálogo e a negociação.

No México, venceu Felipe Calderón, candidato do PAN apoiado por Vicente Fox. As divergências ideológicas não podem ser obstáculos para que o Brasil lance uma nova política em relação à pátria de Villa e Zapata. Tanto no Brasil como no México há consciência desse imperativo.

Afastada a agenda da Alca, ainda mais depois da vitória democrata, cabe ao Brasil lançar uma nova iniciativa que combine avanços no Mercosul, como o Parlamento, o fim da tarifa dupla na TEC, o banco sul-americano, os projetos de integração energética e física. É isso que forçará uma mudança na postura norte-americana, hoje marcada pela omissão ou pelo intervencionismo nas políticas de vários países, como Bolívia, Venezuela e, mais recentemente, Nicarágua. Sem falar em Cuba, que sofre um embargo que massacra sua economia e

José Dirceu

limita suas possibilidades de desenvolvimento. Sua sobrevivência, hoje, só é possível graças à fibra de seu povo e à solidariedade da Venezuela e de países como Brasil e Argentina.

Descongelar a agenda norte-americana e reaproximar a Europa da América Latina são imperativos só viáveis se fizermos o dever de casa: avançar efetivamente no Mercosul e na integração sul-americana. Esse é um grande desafio (possível) que se coloca para o segundo mandato do presidente Lula.

Dois caminhos, duas estratégias

Jornal do Brasil, 17 de julho de 2008

Estamos passando por mudanças profundas ou será que apenas estamos vivendo uma conjuntura crítica, marcada pela alta dos preços dos alimentos, matérias-primas e petróleo, inflação em curva ascendente pressionada também pelo crescimento de nossa economia? É evidente que estamos vivendo e presenciando grandes transformações no mundo, a começar pela redução relativa do peso dos Estados Unidos e da Europa na economia mundial e pelo fantástico crescimento da China e da Índia, fazendo com que, para além da hegemonia militar e política, os Estados Unidos deixem de ser a locomotiva do crescimento mundial.

O atual preço do petróleo e o surgimento dos biocombustíveis, além da disparada dos preços dos alimentos, também mudarão as economias. Não dá para projetar o futuro, dentro de duas décadas, sem uma nova fonte de energia e um redesenho da produção de alimentos no mundo, que terá

José Dirceu

também a difícil tarefa de deter o aquecimento global. Aliás, seus efeitos já estão presentes nos problemas que se enfrenta hoje, como a elevação dos preços dos alimentos, fruto da mudança no clima em diferentes países que afetou muito as safras nos últimos dois anos. A recente crise das hipotecas nos Estados Unidos e seus efeitos na Europa, que apenas começaram, também farão o mundo repensar a regulação e o controle sobre os capitais e o sistema bancário e financeiro mundial, como começa a ocorrer.

As grandes nações, como o Brasil, estão crescendo, apoiadas em políticas públicas e no Estado, e não só no mercado, como pregava o receituário liberal, apesar da importância dos investimentos privados nos programas de desenvolvimento. Nesse cenário, temos uma posição privilegiada. Um país industrializado, com uma das mais modernas agriculturas do mundo, recursos naturais abundantes. E que conta com um vigoroso mercado interno, empresas do porte da Petrobras e da Vale, e um sistema de financiamento público bem-estruturado. Temos acima de tudo nosso povo: somos uma civilização nos trópicos. Assim, temos capacidade para crescer apoiados na poupança nacional e no mercado interno, que ganhou força com a estabilidade econômica, o crescimento do emprego e as políticas sociais de distribuição de renda. Nossa economia exportadora de alimentos, matérias-primas e manufaturados

Tempos de Planície

vai aos poucos se transformando em exportadora de capitais, serviços e tecnologia.

O papel e a liderança do Brasil já são reconhecidos no mundo. Não podemos perder essa oportunidade histórica. Temos que fazer frente aos nossos desafios, começando pela educação, em que o governo já vem desenvolvendo um programa importante de qualificação e modernização, e pelo desenvolvimento tecnológico. Temos que consolidar os investimentos na infraestrutura, cumprir o cronograma do PAC e garantir o financiamento ao desenvolvimento industrial. Para crescer nas próximas décadas, acabar com a miséria e ocupar seu lugar no mundo, o Brasil não pode ficar a mercê de políticas fiscais e monetárias suicidas que só beneficiam o capital financeiro e que nos levarão a uma crise nas contas externas, mais cedo ou mais tarde. Isso, sem falar que significam um freio no crescimento econômico e na expansão do emprego.

Temos que nos preparar para uma possível retração da economia mundial e a possibilidade de uma deflação nos preços das commodities que exportamos. E não podemos mais conviver com o real valorizado e os juros altos internos, que nos colocam a mercê dos riscos de um déficit externo ou de um ataque à nossa moeda.

José Dirceu

São dois caminhos e duas estratégias. Uma para manter o status quo, outra para romper com a hegemonia do capital financeiro, nascer o país produtivo, consolidar uma aliança política entre as classes populares e as classes médias produtivas para alavancar um projeto nacional de desenvolvimento, com base nas riquezas do país e na herança bendita que recebemos do desenvolvimentismo e do nacionalismo.

Não nos enganemos. Manter a atual política fiscal e monetária é ir na contramão da história e trair os mais puros anseios de nosso povo por um futuro melhor.

A tendência da AL

O *Tempo*, 22 de março de 2009

A eleição de Mauricio Funes para a Presidência de El Salvador não pode ser vista apenas como mais uma vitória do Frente Farabundo Martí para a Libertação Nacional (FMLN), mas sim como a confirmação de uma tendência na América Latina e uma mudança de época.

Vivemos um longo processo de mudanças no continente, com a volta das classes populares à cena política, como sujeito e autor. Mais experientes e organizadas, elas empurram lideranças, movimentos e partidos para a democracia, a retomada dos projetos e o resgate das riquezas nacionais e o combate à pobreza.

Verdadeiras revoluções sociais democráticas passaram por longos processos de mobilização social e aprendizado político, como o caso do Brasil e do PT.

Também são consequência dos anos de neoliberalismo, uma resposta às políticas de desregulamentação que agora mostram sua fase destruidora nos países desenvolvidos; de

José Dirceu

privatizações e abertura comercial que não resolveram seus problemas sociais; e do desemprego e fome que agravaram seus problemas econômicos.

Além da maioria dos países do continente ter passado por ditaduras que nos roubaram a liberdade e implantaram políticas antinacionais e antipopulares – no Chile, Brasil, Argentina, Paraguai, Uruguai e Bolívia – ou por governos genocidas como os da Guatemala e Nicarágua no passado.

As mudanças recentes na Venezuela, Equador e Bolívia têm um caráter radical, com amplas mobilizações e mesmo rebeliões populares. As mudanças no Brasil, Argentina, Uruguai, Paraguai e agora em El Salvador são fruto de longos processos de acúmulo, resistência e vitórias eleitorais, nem sempre majoritárias, no parlamento; e de processos de transição e transação, como o caso chileno. Cada país tem sua característica, processo e ritmo, que devem ser respeitados e compreendidos, sob pena de não avançarmos na integração tão necessária para os progressos sociais e econômicos.

Devemos nos apoiar em objetivos comuns da democracia, no resgate das riquezas nacionais, no combate à fome e ao desemprego; e na retomada de projetos de desenvolvimento apoiados no excedente da exploração de nossas riquezas para o desenvolvimento da infraestrutura energética e de transporte, a agricultura para alimentação e exportação, a educação e a inovação com sistemas públicos educacional, de saúde e de seguridade social.

A chave do sucesso é a integração, começando pelo Mercosul e avançando para a Unasul, partindo da integração energética e de transportes para a de políticas industriais, moeda e instituições políticas comuns.

Essa é uma agenda que ainda não assumimos. E não temos como escapar, começando pelo contencioso que temos com nossos vizinhos. O Brasil deve se preparar para assumir seu papel, como fez recentemente ao reivindicar o combate ao narcotráfico e a formação de um conselho sul-americano de defesa, dando uma resposta à altura aos desafios deste século que é tirar a América Latina da dependência e da pobreza.

Venezuela, seja bem-vinda ao Mercosul!

Blog do Noblat, 06 de novembro de 2009

As repercussões da aprovação na Comissão de Relações Exteriores do Senado da entrada da Venezuela no Mercosul são claros exemplos de como grande parte da mídia e a oposição no Brasil comportam-se de maneira esquizofrênica na hora de debater o que realmente interessa ao país.

De maneira míope, tentaram usar o pedido de ingresso no Mercosul, feito pelo Estado da Venezuela, para atacar o governo do presidente Lula.

A bem da verdade, caso tivesse prevalecido a vontade da oposição, o resultado seria desastroso. Imagine o que aconteceria se, após a aprovação da Argentina e do Uruguai, o Senado brasileiro tivesse barrado a entrada do Estado venezuelano Mercosul?

É compreensível que haja frustração da oposição com as vitórias obtidas na política externa brasileira nos últimos seis anos e meio, entre elas, a retomada do Mercosul, abandonado no governo tucano de Fernando Henrique Cardoso.

Mas daí a arriscar o avanço e a consolidação do bloco e as relações diplomáticas com um país vizinho a distância é gigantesca. A prova incontese dessa defasagem é que até a oposição a Hugo Chávez quer a Venezuela no Mercosul.

E há excelentes motivos para defender a ampliação do bloco, tanto do lado dos países fundadores, quanto do lado venezuelano.

O primeiro é diplomático, pois a negativa seria ato de hostilidade contra uma nação historicamente amiga. Além disso, sairão fortalecidas as posições dos países da América do Sul em futuras negociações com outros blocos, fator que é também político.

Há benefícios para o comércio e a indústria brasileiras, pois é incontestável que a economia venezuelana tem conseguido bons resultados, empurrada por sua produção de petróleo.

É um país com mercado interno atraente, portanto, estratégico aos interesses do Brasil. Com a entrada no Mercosul, uma ampla e variada lista de produtos brasileiros poderão chegar aos venezuelanos com tarifa zero.

Além disso, a adoção da TEC (Tarifa Externa Comum) para fora do bloco pode ampliar o espaço dos produtos brasileiros. O mesmo raciocínio aplica-se ao setor de serviços.

Tempos de Planície

São igualmente fortes os argumentos políticos pela entrada da Venezuela. Afinal, é via bloco comercial coeso que se conseguirá êxitos nos foros internacionais. Só a ação conjunta tornará possível avançar pacificamente no rumo da prosperidade econômica e do fim das desigualdades sociais.

Risíveis são as declarações de que a Venezuela trará instabilidade política por causa de Chávez, pois a avaliação do Senado deve ser sobre o Estado, não sobre o governo venezuelano. Além disso, quaisquer fraquezas institucionais que subsistem nas nações sul-americanas não são superadas pela política do isolamento, que só as agrava. É a política da inclusão que solucionará tais problemas. Nesse sentido, o Mercosul contribui para reforçar os fundamentos do Estado de Direito na região.

As críticas devem existir, sem dúvida, mas deveriam buscar o aprimoramento do bloco, não sua derrocada.

E há muito a ser perseguido: criar instituições jurídicas (tribunal para dirimir controvérsias) e representativas (Parlamento); estabelecer o Banco do Sul e uma moeda comum; pôr fim à cobrança dupla na TEC; formar um fundo de compensação para Uruguai, Paraguai e Bolívia (que também deve ingressar no bloco); resolver as divergências existentes; e definir uma política industrial regional.

José Dirceu

Objetivar essa pauta, com a colaboração da Venezuela, é fundamental para atrair outros países e defender os interesses dos povos sul-americanos.

Entender que os problemas são entraves definitivos e insuperáveis é desconhecer como se constrói alianças políticas e econômicas entre países tão assimétricos e desiguais como os da América do Sul.

É também não observar o que se passa na União Europeia e na Organização Mundial do Comércio, que lidam com as mesmas dificuldades de adequação de realidades.

É, por fim, esquecer que são as decisões políticas e ideológicas que conformam as alianças aduaneiras.

Agora, falta a deliberação do plenário do Senado do Brasil e do Congresso do Paraguai para que a Venezuela integre o Mercosul. Pelas razões enumeradas, a decisão acertada será pela aprovação.

E que seja bem-vinda, Venezuela!

Distorções inaceitáveis

Folha de S. Paulo, 16 de dezembro de 2009

O professor da USP José Augusto Guilhon Albuquerque escreveu nesta Folha (9/12) crítica à visita ao Brasil do presidente do Irã, Mahmoud Ahmadinejad. Disse ter ficado confuso quanto ao que é paz e o que é desejável e, em exercício inaceitável de distorção dos fatos, afirma que houve cumplicidade brasileira com as atrocidades cometidas pelo governo iraniano.

Primeiramente, o professor omite que o iraniano foi recebido após as visitas dos presidentes de Israel, Shimon Peres, e da Autoridade Palestina, Mahmoud Abbas.

Quer dizer que o professor acha ruim receber Ahmadinejad, mas nada tem contra a recepção a Peres, presidente de um país que seguidamente viola as resoluções da Organização das Nações Unidas e cujo governo é responsável, pela via da força, por negar seguidamente ao povo palestino o direito de ter seu próprio país?

José Dirceu

Mas o ardil de Albuquerque veio acompanhado da ausência de leitura da cobertura que a Folha fez do encontro com o iraniano.

No caderno Mundo (24/11), somos informados de que Lula "aproveitou a presença de Ahmadinejad para transmitir cobranças quase unânimes da comunidade diplomática", deixando "claro que repudia a hostilidade aberta de Ahmadinejad a Israel" e que "o Brasil, embora busque os melhores vínculos possíveis com o Irã, tem ressalvas em relação a algumas posições do iraniano".

O jornal publicou ainda as seguintes frases do presidente Lula: "A política externa brasileira é balizada pelo compromisso com a democracia e o respeito à diversidade. Defendemos os direitos humanos e a liberdade de escolha de nossos cidadãos e cidadãs com a mesma veemência com que repudiamos todo ato de intolerância ou de recurso ao terrorismo" e "Defendemos o direito do povo palestino a um Estado viável e a uma vida digna, ao lado de um Estado de Israel seguro e soberano".

Isso não importa, não é mesmo, professor? Afinal, a política externa que o senhor defende é a adotada no governo Fernando Henrique Cardoso, que desejava uma ordem unipolar, com os EUA dando as cartas.

Tempos de Planície

O professor não se incomoda com essa concepção de política externa nem com a invasão do Iraque sem autorização da ONU ou com os centros de tortura americanos mundo afora.

Não há limites à hipocrisia, professor? A cumplicidade com essa submissão é que é inaceitável.

A diretriz do governo Lula para a política externa é, reconhecidamente, responsável pelo papel de destaque no mundo que o Brasil conquistou. Ela se pauta, entre outros fatores, pela compreensão de que nossos interesses nacionais serão tão mais ressonantes quanto maior for o caráter multipolar da nova ordem internacional. E esse caminho passa por integrar os países em desenvolvimento e seus blocos regionais e por construir novas pontes diplomáticas.

O Brasil não aceita o jogo da vilanização, cujo único propósito é reforçar a supremacia de uma superpotência e seus aliados. O presidente Lula age como interlocutor de distintos parceiros, com respeito à autodeterminação e mantendo sempre como horizonte estratégico a superação do unilateralismo como caminho único para a paz.

A passagem de Ahmadinejad pelo Brasil serviu também para que a comunidade internacional se fizesse ouvida pelo iraniano. E Lula deixou isso claro no encontro.

Se o professor escolheu torcer os fatos, não pode alegar desconhecimento de que a principal ameaça à paz mundial é a existência de um mundo unipolar.

As principais guerras recentes (Iugoslávia, Iraque, Afeganistão) foram produto desse desequilíbrio. Mesmo o terrorismo islâmico tem como uma de suas razões históricas a hipertrofia dos EUA e do sionismo no Oriente Médio, que condenam o povo palestino a ser uma nação sem Estado, os países árabes a um cerco permanente e o Irã a uma ameaça constante de agressão militar por parte de Israel.

Os sucessivos acordos de paz fracassados pedem que outros países, como o Brasil, contribuam com uma interlocução positiva no Oriente Médio. Por isso, receber Ahmadinejad foi, sim, uma decisão acertada.

Capítulo 8

Movimentos históricos

Para onde vamos?

Jornal do Brasil, 19 de abril de 2007

Vivemos um daqueles momentos históricos em que as mudanças podem e devem ser realizadas, quando há vontade política que se combina e se confunde com as aspirações nacionais. Quando a maioria do povo apoia e sustenta um governo e uma liderança nacional, e amplos setores das chamadas burguesias também apoiam as mudanças.

No nosso caso, percorremos um longo caminho até hoje. Vencemos um passado escravocrata e dependente, mas herdamos, incorporados no coração da nossa sociedade, os seus desvios. Passamos por duas ditaduras e vivemos anos de desesperança e desilusão. Tudo parecia perdido. A busca do crescimento e da industrialização do país concentrou renda e criamos miséria e pobreza. Hoje, somos um país independente e desenvolvido, democrático, ainda absurdamente desumano e desigual, mas em busca de seu lugar no mundo.

O mais importante é que essas mudanças foram sendo construídas com a participação popular. Mesmo em épocas de autoritarismo e ditadura, o povo não deixou de lutar e construir espaços democráticos, organizações sociais e instituições políticas. Como resultado, o Brasil é governado por um presidente de origem operária de um partido de trabalhadores, cuja origem se confunde com as lutas sociais e políticas do Brasil dos últimos quarenta anos.

Os desafios de hoje são os de sempre: democracia, justiça e igualdade social e independência, ou seja, consolidar nossas instituições políticas com uma ampla reforma política; realizar uma revolução social, universalizando a educação e distribuindo a renda e a riqueza acumulada no país; e, por fim, consolidar a integração do Brasil na América do Sul e nossa presença no mundo como nação livre e independente.

O segundo governo do presidente Lula, ao lançar o PAC, o Programa de Aceleração do Crescimento, e apoiar a realização de uma reforma política, começa a criar as condições para essa mudança que se insere numa época de mudanças.

Na América Latina, vivemos uma mudança de época, com o despertar de maiorias marginalizadas e a eleição de governos populares, muitos deles produtos de verdadeiras rebeliões populares ou de longos processos de democratização, como foram os casos do Brasil, do Chile e do Uruguai.

A saída para o Brasil está na ampliação e consolidação de seu mercado interno, como resultado de uma política de distribuição de renda combinada com uma política industrial e de inovação e com o aumento dos investimentos públicos, somado à ampliação de nosso espaço econômico e comercial via integração com a América do Sul. Não podemos perder o impulso reformador e mudancista que deu origem ao PT e à liderança de Lula, e às bandeiras políticas que podem mobilizar o país e consolidar a coalizão política, que hoje apoia o governo Lula. As bandeiras são a reforma política, o PAC, uma política para a juventude que se apoie na universalização da educação, do lazer e da cultura e em melhores condições de moradia, saúde e transportes nas grandes cidades.

A reforma política e a universalização da educação têm que ter, como consequência e base de sustentação, a democratização dos meios de comunicação. Sem o que o Brasil não será um país democrático. Daí a grande importância do debate sobre a Rede Nacional de TV Pública.

Nossa democracia social tem que se apoiar na universalização dos serviços públicos e na seguridade social; no pleno emprego e na consolidação da pequena e média empresa; em uma política de combate sem tréguas a toda forma de discriminação e preconceito; na segurança não só da propriedade, mas, principalmente, dos cidadãos. Não haverá um Brasil justo e democrático, sem um Estado capaz de planejar e induzir o desenvolvimento nacional, distribuir renda e expressar o poder econômico, social e cultural do país com seu poder militar e nacional.

Nenhuma dessas mudanças acontecerá sem uma ampla mobilização nacional de todas as forças sociais e políticas, que as aspiram e desejam, e sem uma liderança que expresse a vontade política nacional. São essas as lições que devemos tirar dos últimos acontecimentos políticos que levaram à crise política de 2005 e à reeleição do presidente Lula.

O legado de 68

Jornal do Brasil, 08 de maio de 2008

No momento em que paramos para refletir sobre o ano de 1968, é preciso olharmos além das imagens e símbolos e da memória daquele ano mítico, e indagar qual é o seu verdadeiro legado. Seria a luta contra a ditadura e pela democracia – reconquistada vinte anos depois, na primeira eleição direta para presidente –, ou seriam os ensinamentos e compromissos com os processos democráticos, surgidos com o fracasso da luta armada, que envolveu toda uma geração que deu o melhor de si, empenhada na criação de um mundo mais justo? Na verdade, 68 representou a primeira explosão de um Brasil que nascia, contrapondo o autoritarismo e o conservadorismo, heranças de nossa sociedade agrário-exportadora e liberal, e resistindo às ideias de Tradição, Família e Propriedade (TFP), que tanto se opuseram à rebeldia dos anos 60 e sua força arrebatadora que arrastava, em todo mundo, milhões de jovens a desafiarem tradições e normas culturais e sociais pré-estabelecidas.

José Dirceu

A memória de 68 não pode ficar só na luta contra a ditadura, e os efeitos devastadores do AI-5. Seria perder a dimensão histórica de um movimento que sacudiu o mundo e o Brasil. 68 é o Cinema Novo, o Teatro de Arena, o Tusp e o Tuca, é a Música Popular Brasileira, a nova literatura e uma revolução gráfica e nas artes plásticas que se anunciava. 68 é, também, a libertação da mulher, a pílula, o fim do autoritarismo familiar, a liberdade sexual, o acesso ao estudo e ao trabalho, um novo tempo de promessas de igualdade, de respeito, e de crise do machismo.

É o ano que simboliza bem o "é proibido proibir". Todos os dogmas puderam ser questionados: na arte, na política, na família e na sociedade, em sua organização e hierarquia. Surge uma esquerda que lê, debate e discute, e uma nova forma de fazer política. Retoma-se a agenda do Brasil, da sua cultura e desenvolvimento, da defesa de sua universidade pública, da pesquisa técnico-científica, da reforma da educação, de paritariamente professores e alunos criarem uma nova universidade.

Na luta política contra a ditadura, 68 é a disputa pelo espaço das ruas e praças do país; é enfrentar a censura, a repressão e o crescente autoritarismo, que eliminava a eleição direta para presidente e governador, extinguia os partidos políticos e proibia tudo, o sindicato, a greve, o direito de

Tempos de Planície

manifestação e de informação. Mas 68 é também o mundo, a luta contra a guerra do Vietnã, a solidariedade à Cuba, o apoio à luta pelos direitos civis nos Estados Unidos, a oposição à invasão da Tchecoslováquia, o Maio Francês e a lembrança da queda do Che na Bolívia. 68 é o motor que impulsionou a roda da história, que estava travada por forças conservadoras e autoritárias, e fez o mundo mudar, mesmo quando, formalmente, isso não acontecia. Nem nós tomamos o poder no Brasil, nem os estudantes derrubaram a República na França. Mas a semente de 68 frutificou, e dela nasceu um mundo melhor. A forma de fazer política nunca mais foi a mesma, a esquerda mudou e se abriu, ficou plural e mais democrática. Provou-se que era possível enfrentar o poder, mesmo sendo derrotado.

Outros vieram, outras gerações e outros sonhos, e a roda da história continuou. Na verdade, 68 não acabou mesmo. O que precisamos é retomar seu espírito de luta, agora, em defesa da universidade, que deve se colocar no centro do debate e da vida nacional, como consciência crítica da nação e do projeto de desenvolvimento. Precisamos de um novo 68 na vida política do país, para fazer a reforma política e subverter as atuais estruturas arcaicas e comprometidas do sistema político-eleitoral; um novo 68 também para democratizar a mídia, e regular seu crescente poder, que se impõe à própria

José Dirceu

República e à democracia; um 68 libertário, que detenha a sanha conservadora e moralista que círculos religiosos e do Judiciário, com apoio de parte da mídia, vão insinuando na vida laica e republicana do país em uma retomada do conservadorismo e de uma moral que julgávamos enterrada.

Discurso proferido no Fórum de Política Global

Fundação Gorbachev, Bosco Marengo, Itália, 10 de setembro de 2009

Quero agradecer em primeiro lugar pelo convite, pela oportunidade, que me honra, na pessoa de Andrei Grachev, uma vez que o Presidente Mikhail Gorbachev não pôde estar conosco. Eu venho do Brasil, da América Latina, portanto vou falar como brasileiro e como latino-americano. Eu vou falar como um dos sobreviventes da geração de 68, porque demarca bem a diferença de ponto de vista de leitura do mundo com relação à Europa, e particularmente com relação à Rússia e à Europa do Leste. Por que eu digo isso? A minha geração estava ao lado do povo tcheco contra a invasão das tropas do Pacto do Varsóvia, mas ela estava também depois com o Solidariedade, apoiando o Solidariedade na Polônia. Eu militei no Partido Comunista Brasileiro e rompi com o Partido Comunista Brasileiro. Nós não temos contas a prestar com relação às ditaduras: pelo contrário, nós passamos as vidas nos porões das ditaduras, nas câmaras de tortura, pegando em armas para enfrentar as ditaduras, dando a única coisa que nós tínhamos, que era a vida. Mas quem sustentava essas ditaduras, quem as apoiava? Quem treinava os torturadores, quem abastecia as ditaduras de armas e de recursos? Os Estados Unidos, o país-símbolo e exemplo de liberdade para os que estão aqui hoje e que viveram sobre o regime soviético, na Europa do Leste ou na própria Rússia, ou na ex-União Soviética. Portanto é importante ter mais de um olhar sobre os mundos e sobre os Estados Unidos. Digo isso a partir de um partido, de um governo que tem excelentes relações com as administrações e com os governos norte-americanos. O Brasil tem um longo contencioso com os Estados Unidos, mas tem uma determinação de uma política de cooperação. Não digo isso para agravar, e sim para construir pontes.

A América Latina, particularmente a América do Sul, está em mudança. Também lá povos se levantaram, fizeram rebeliões e insurreições pela liberdade. A Europa não pode ver, não deve ver o que acontece, o que aconteceu na Venezuela, no Equador e na Bolívia, para falar de três processos que vivemos com grandes transformações, sem lembrar que esses povos estiveram oprimidos, explorados. Nós não podemos cobrar desses povos, agora, que nos apresentem um país ideal, democrático, com todas as liberdades.

Tempos de Planície

São países em reconstrução, em refundação, que não tinham sequer acesso aos seus recursos naturais, às suas riquezas. Tais riquezas eram controladas por empresas estrangeiras, e toda a renda era concentrada na minoria burguesa ou levada ao exterior. Eles resgataram essas riquezas e reiniciaram novas Constituintes, novos Estados. Há erros? Há retrocessos? Há, mas a América do Sul mudou. Mudou a Argentina, mudou o Uruguai, mudou o Paraguai, mudou o Chile, mudou o Brasil, com avanços (metas) e com processos político-institucionais de grande acúmulo de força, diferentemente do que acontece na Venezuela, no Equador e na Bolívia. Nós não podemos nem queremos que os processos sejam iguais e tampouco condená-los. Mas, sim, compreendê-los. O Brasil e a América do Sul estão se integrando. Como a Europa se integrou a partir do aço e do carvão, nós começamos a nossa integração a partir da energia e do transporte. O Mercosul e a Unasul, a União das Nações Sul-Americanas, serão realidade. Nós caminhamos para uma zona de livre comércio, um parlamento no Mercosul, no futuro, para instituições supranacionais e para políticas de desenvolvimento, políticas econômicas, industriais, de tecnologia, políticas trabalhistas, ambientais e sociais comuns. Sou otimista com relação ao meu país, com relação à América do Sul, à América Latina e ao mundo. O Brasil passou por uma grande transformação

José Dirceu

nesses últimos sete anos. Um país que cria 10 milhões de empregos formais em oito anos, um país que entra na crise, tem uma queda do seu Produto Interno Bruto de 5% e já vai crescer 5% de novo no ano que vem. Um país que tirou grande parte da sua população da pobreza, da miséria e que fez tudo isso na democracia.

Enquanto vocês, na Europa do Leste e na Rússia, aplaudiam a entrada triunfal do mercado, das privatizações e da desregulamentação em seus países, nós, na America Latina, lutávamos contra o neoliberalismo e as privatizações, contra o Consenso de Washington, cujas consequências nefastas só agora se revelaram totalmente na gravíssima crise internacional que vivemos. O mundo mudou, e o que mais me chocou, o que mais me marcou nos últimos anos foram fotos, foram imagens simbólicas. Eu estava em Pequim na abertura da Olimpíada, tive esse privilégio, estava assistindo. A Olimpíada em Pequim significa o que a China é. Sem a China não se muda o mundo. Quando a Rússia de Putin, mediante uma ocupação, ou uma agressão, ou uma autodefesa (não vou entrar no mérito das razões do presidente da Geórgia sobre a Ossétia do Sul), dá ordem para as forças armadas russas ocuparem a Geórgia... E quando os Estados Unidos, não sei para quê (do nosso ponto de vista da América Latina não compreendemos), pretende instalar

Tempos de Planície

mísseis intercontinentais na Polônia e radares na República Checa, e Putin diz que o fará em Kaliningrado, é porque a Rússia mudou, não e a mesma de dez anos atrás. Quando, na Organização Mundial de Comércio, depois que o Brasil chegou ao acordo com a Europa e os Estados Unidos para fazer um avanço na rodada de Doha, a Índia e a China dizem não, e a reunião termina, é porque o mundo mudou. Porque há cinco anos, há dez anos, se a China e a Índia dissessem não, a Europa e os Estados Unidos aprovariam, e a China e a Índia continuariam falando sozinhas. Hoje isso não é mais possível. E nós estamos falando de países que, com exceção do Brasil, têm poder militar nuclear. Eu sempre digo isso brincando, porque o Brasil tem uma disposição constitucional que proíbe o desenvolvimento de armas nucleares, ainda que o Brasil reivindique o direito, e tenha já o acesso ao ciclo completo de combustível nuclear, mas nós temos uma decisão constitucional. Eu sempre digo que a única coisa que a ditadura militar devia ter feito, e que era do ramo de interesse deles, era ter desenvolvido uma bomba atômica. Fizeram tudo errado e não fizeram o que deveriam ter deixado pelo Brasil, uma bomba atômica. Pelo menos nós seríamos uma potência nuclear. Evidentemente que isso é uma brincadeira.

Portanto, eu acredito que quando 33 milhões de norte-americanos saem numa terça-feira, em várias terças feiras,

José Dirceu

para votar numa prévia, numa primária do Partido Democrata e escolhem Barack Obama como candidato, e depois este se torna presidente, o mundo mudou. O problema e que o mundo vai mudar conforme a nossa participação, a nossa luta, de cada um de nós aqui, de cada partido, de cada organização não governamental, de cada professor, de cada cientista, de cada governo, de cada nação e, dentro das nações, das diferentes classes e interesses sociais. É disso que se trata: quais alianças e quais objetivos para a mudança do mundo. Nós não podemos falar em um Novo Ocidente. Não é razoável, não e crível, verossímil, que nós apresentemos para a África, para a Ásia e para a América Latina a proposta de um Novo Ocidente. Nós precisamos de um Novo Mundo, não de um Novo Ocidente. E isso para nós é incompreensível. Pode ser que seja compreensível para quem está na Europa do Leste, na Rússia, mas para nós não. E vejam que eu estou falando de um país que é fundamentalmente europeu e africano, além de indígena, que é o Brasil, um país marcadamente africano, indígena e europeu. Acredito que a primeira agenda que nós podemos organizar é a da paz. Se nós queremos grandes investimentos no desenvolvimento, no combate à fome, à pobreza, ao analfabetismo, nós temos que mudar a tendência da corrida armamentista, porque não nos peçam que não nos armemos, não nos peçam. Enquanto os países

Tempos de Planície

desenvolvidos se armam cada vez mais, nós também vamos nos armar. Todos os países vão se armar. Porque o Brasil descobriu agora de 60 a 80 bilhões de barris de petróleo, e o país tende a se tornar a quinta, a quarta economia do mundo nos próximos dez anos. Nós não vamos ter forças armadas desenvolvidas? Não vamos desenvolver tecnologia militar? Vamos! Por quê? Porque há o monopólio da arma e do poder nuclear, não há uma autoridade supranacional, mundial que a controle, porque na verdade não há um controle. Israel pode ter bomba atômica, pode ter usinas nucleares. O Irã não pode ter. Para nós isso é incompreensível. Isso não significa concordar com a política do governo iraniano. O Brasil já manifestou claramente a sua posição sobre isso.

Livre comércio, protecionismo, OMC? Vamos mudar o mundo para qual rumo? Para o livre comércio? A Europa os Estados Unidos estão dispostos, realmente, a romper com toda a estrutura de subsídios que existe para manter seu protecionismo? A revolução energética, saída para a crise ambiental que vivemos, é a maior oportunidade que a humanidade tem, principalmente os Estados Unidos. Eu já prevejo que os Estados Unidos e países como o Brasil sairão dessa crise mais fortes, mais competitivos, se fizerem uma revolução energética. E o Brasil tem uma grande contribuição a dar ao mundo na revolução energética pela suas condições de desenvolvimento

José Dirceu

da biomassa, do etanol, da biotecnologia, e porque é um país cuja metade da sua energia é renovável, é limpa. É um país que tem muito a contribuir. Se nós queremos fazer uma revolução tecnológica, ambiental, ela precisa ter caráter mundial, não pode ser apropriada apenas por algumas nações. Nosso governo está dando a contribuição concreta para a conferência de Copenhague: o presidente Lula proibiu o plantio de cana-de-açúcar em 81,5% do território brasileiro e assumiu o compromisso de reduzir o desmatamento em 80% até 2020, sendo que nós já reduzimos 50% durante o seu governo. E o Brasil iniciou um grande programa de transporte, de mobilidade urbana, porque dois terços da nossa emissão de gás carbono e da nossa emissão de poluentes se dão pelo desmatamento, e um terço e pela energia e pelo transporte. Iniciamos um amplo programa de construção de hidrelétricas e de energia eólica, energia solar, e principalmente, do biodiesel e do biocombustível, o etanol.

Se nós queremos mudar o mundo, nós temos que reformar o sistema financeiro mundial e as instituições internacionais, de verdade: a ONU (Organização das Nações Unidas), o FMI (Fundo Monetário Internacional), a OMC (Organização Mundial do Comércio). Temos que regular o sistema financeiro internacional e temos que ter um compromisso contra a fome e a pobreza, contra o desemprego. E esse compromisso tem que ser multilateral. Nem vou dizer do abandono da política unilateral, da política hegemônica de uma potência só, de um pensamento único, porque penso que isso já é passado. Nem os Estados Unidos podem ou tem mais interesses em manter essa política. O Brasil acabou de ser escolhido para ser a sede da Olimpíada de 2016. Na verdade, é uma homenagem à América do Sul, mais do que ao Brasil, já que o Brasil – quero repetir – tem um compromisso com a integração da América do Sul e com a transformação das nações da América do Sul em uma união, bem como com a consolidação do Mercosul. Mas nós enfrentamos problemas. O primeiro é Cuba: até quando vai permanecer o bloqueio a Cuba e até quando a base da baía de Guantánamo ficará em poder dos Estados Unidos? Não é o fechamento da prisão da base de Guantánamo, é a devolução da base de Guantánamo a Cuba. Até quando os Estados Unidos vão construir bases ou colocar destacamentos militares em bases na Colômbia, no Peru e agora no Panamá? Como é que podem pedir para que o Brasil, a Venezuela, o Chile e a Argentina não se armem, se os Estados Unidos retomam políticas de bases militares na América Latina? Não é razoável.

Com a descoberta do petróleo na camada pré-sal, com a superação da crise internacional no Brasil e com a decisão de se realizar a Olimpíada no Brasil, há um grande clima de

José Dirceu

otimismo, de entusiasmo, de autoestima no meu país, o que não significa que desconheçamos os gravíssimos problemas que temos de pobreza, violência, segurança. Inclusive, quero pedir a Marek (Halter) que inclua na sua lista de 24 muros, os muros que se constroem no Brasil para separar as favelas dos bairros da classe média, como se iniciou na cidade do Rio de Janeiro. Portanto, venho a essa conferência com esse espírito de que o destino do mundo, o novo mundo que surge, está em disputa. A Europa estará com quem? Caminhará para onde? A expectativa que sempre há no Brasil, na América do Sul, é de que a Europa esteja conosco, porque temos laços culturais, temos interesses comuns, e podemos caminhar juntos. Que esteja com a África, que esteja com Ásia, porque o mundo precisa de um novo equilíbrio. Se esse equilíbrio se dará pelas armas, pelo confronto econômico ou pela cooperação e pela reforma do sistema econômico-financeiro e político-internacional, vai depender de nós. O Brasil tem dado e dará a sua contribuição, para que esse novo mundo surja pela cooperação. Isso não significa que nós estejamos afastando a ideia da disputa, da luta. Nós temos que nos preparar para isso, nós não podemos investir em ilusões. Temos que nos preparar para um mundo de enfrentamentos, de protecionismo. Um mundo de enfrentamento de blocos econômicos, um mundo de rearmamento, um mundo de

Tempos de Planície

disputa pelo petróleo e pela água. Mas eu acredito que, pela experiência que vivemos nos últimos vinte anos, sabemos que é possível a cooperação, que é possível a construção de novas instituições internacionais e que é possível caminhar por um novo mundo em paz.

Muito obrigado.

O papel da esquerda 20 anos após a Queda do Muro

Blog do Noblat, 13 de novembro de 2009

A Queda do Muro de Berlim completou vinte anos nesta semana. A data histórica levou os veículos de comunicação a produzirem inúmeros textos a respeito do assunto. De relatos de ontem e de hoje sobre a vida na Alemanha a análises sobre o regime comunista, foi grande o material veiculado. Mas poucas as reflexões profundas sobre a crise de modelos que enfrentamos atualmente.

Sob esse prisma, uma das entrevistas mais interessantes que li foi concedida pelo historiador britânico Eric Hobsbawm e publicada pelo caderno Mais! da *Folha de S.Paulo* (8/11). Conversei com este que é um dos maiores nomes da historiografia sobre Lula, Brasil e Cuba na primeira quinzena do mês passado, quando participamos nos dias 9 e 10 de outubro do Fórum Político Mundial promovido

José Dirceu

pela Fundação Gorbatchev, em Bosco-Marengo (Itália). A lucidez e profundidade de sua análise são impressionantes.

Na entrevista, Hobsbawm fala dos significados econômicos e políticos de 1989. Segundo o historiador, "a queda do Muro de Berlim apenas demoliu a crença de que o socialismo de corte soviético (economia planificada comandada por um Estado centralizador que eliminou o mercado e a iniciativa privada) era uma forma factível de socialismo".

Além disso, ressalta que, de um lado, os EUA tiveram a ilusão de que poderiam impor sua hegemonia ao mundo, e, de outro, a desilusão da esquerda com a derrubada do muro inibiu a difusão das ideias socialistas, ainda que houvesse crítica ao sistema soviético.

Ora, a avaliação de Hobsbawn nos leva à conclusão de que as consequências desse duplo efeito da Queda do Muro foram as receitas neoliberais, cuja cartilha criou raízes profundas na América Latina – em especial, no Brasil – e ergueu outros muros, ainda mais altos que o de Berlim, separando incluídos e excluídos do perverso sistema.

Mas os ditames dessa cartilha também entraram em colapso com a crise financeira iniciada em 2008, a mais grave desde a Quebra da Bolsa de Nova York, em 1929. Este momento que vivemos é chamado por Hobsbawn de "uma espécie de Queda do Muro para a ideologia neoliberal".

Além do que a observação histórica nos ensina, uma pesquisa encomenda pela BBC e realizada recentemente pela Globescam/Pipa (que faz pesquisa de opinião em nível mundial) revela um grau inédito de insatisfação com o capitalismo, exatamente vinte anos depois da Queda do Muro. Nos 27 países pesquisados, 51% das pessoas consideram que os problemas do mercado livre no capitalismo devem ser resolvidos com maior regulação e reformas.

O levantamento mostra que, em quinze países, os cidadãos defendem que o governo devia ser mais ativo no controle das empresas nacionais e as veem sob risco de desnacionalização. Em dezessete países, a opinião majoritária é a de que o governo deve atuar mais para regular os negócios. No Brasil, esse é o pensamento de 87% dos cidadãos pesquisados. E dois a cada três cidadãos brasileiros, em média, acham que as riquezas devem ser distribuídas de forma mais justa e que esse papel cabe ao governo.

Vejam que se, há vinte anos, começamos a deixar de lado a dicotomia entre os EUA e a antiga União Soviética, há um ano, começamos a perceber que é preciso encontrar saídas às propostas de "todo poder ao mercado". Esse é o nó que foi deixado de lado por grande parte da mídia ao abordar 1989.

Vivemos um momento de reabertura das perspectivas para a esquerda. Nossa preocupação deve se voltar ao mundo que queremos construir nos próximos vinte anos. Se a Queda do Muro representou a derrocada de um sistema, não dá para esconder que as ideias que motivaram a instauração do regime socialista permanecem latentes em cada um de nós: igualdade de oportunidades, justiça social, condições de vida dignas, solidariedade, fim da exploração do homem pelo homem.

Tal ideário unifica o ser humano e as nações. Por isso, deve ser concretizado. Caso contrário, o fosso que separa os poucos que muito têm e dos muitos que quase nada possuem será aprofundado. Na construção dessa sociedade, há muitos muros e mitos para derrubar. Mas hoje, certamente, reunimos as condições necessárias para saber que cabe à esquerda o papel de conduzir esse processo de transformação.

PT e PSDB:
Por que as divergências
são inconciliáveis?

Revista Interesse Nacional, janeiro a março de 2010

Nos derradeiros meses de 2009, procurou-se instalar no Brasil um debate mais profundo sobre o processo histórico vivenciado – no nosso país e no mundo – nos últimos quinze anos e sobre uma nova agenda que devemos adotar a partir de agora diante dessas transformações.

É compreensível o despontar de tal preocupação, se não por outros aspectos, devido a um conjunto de fatores e ao desenrolar de fatos, quais sejam: a ocorrência da mais grave crise econômica internacional desde o crash da Bolsa de Nova York, em 1929, responsável por consumir em apenas um ano US$ 3 trilhões em todo o mundo; a abertura da possibilidade de comparação, sob o mesmo parâmetro de oito anos, de dois governos distintos (governo do presidente Lula versus governo de Fernando Henrique Cardoso);

José Dirceu

e, finalmente, a aproximação das eleições presidenciais de 2010, que certamente acirrará tal debate.

As manifestações propositivas e críticas já apresentadas – algumas mais sensatas do que outras – perpassam, e são motivadas, direta ou indiretamente, pelos três acontecimentos citados. Além disso, têm como pano de fundo a reflexão inevitável que o aniversário dos vinte anos da Queda do Muro de Berlim nos instiga a fazer sobre o papel da esquerda e de suas bandeiras a partir de então, bem como a constatação, mesmo que não consciente ou não explicitada, de que os sete anos de governo Lula levaram o Brasil a encerrar um ciclo político historicamente arraigado e a alcançar um novo patamar de discussão do nosso futuro (ainda que subsistam problemáticas próprias ao período anterior, o que se constitui em condição sine qua non dos processos históricos).

Para citar apenas alguns dos nomes envolvidos no debate, nos mais diversos veículos de comunicação brasileiros, tais questões ganharam o interesse de Rubens Barbosa (ex-embaixador em Washington e Londres, integrante do conselho editorial desta revista), Renato Janine Ribeiro (filósofo e também membro do conselho editorial da *Interesse Nacional*), Fernando Henrique Cardoso (ex-presidente da República e uma das lideranças nacionais do PSDB), Cândido Mendes (membro da Academia Brasileira de Letras e da Comissão

Tempos de Planície

de Justiça e Paz, presidente do "senior Board" do Conselho Internacional de Ciências Sociais da Unesco e secretário-geral da Academia da Latinidade) e, finalmente, Carlos Guilherme Motta (historiador da Universidade de São Paulo).

Embora tenha sido o artigo de Fernando Henrique Cardoso o estopim para as manifestações de Guilherme Motta e de uma série de outros ecos, quero entrar no debate a partir das reflexões propostas por Rubens Barbosa e Renato Janine Ribeiro, ou seja, sem me preocupar com a sequência cronológica que desencadeou tais intervenções. Avalio que, assim, minha participação poderá ser mais profícua e esclarecedora.

A hipótese esboçada

O embaixador e o filósofo adotam como eixo central de suas contribuições uma imaginária convergência entre o Partido dos Trabalhadores e o Partido da Social Democracia Brasileira. Ambos defendem que tal hipótese seria uma grande novidade na política brasileira, por serem as duas legendas artífices dos governos de Lula e FHC, respectivamente. Mas tanto Barbosa quanto Ribeiro admitem, corretamente, que tal propositura não encontra respaldo na realidade.

De fato, a ideia soa estranha ao que se desenhou e ao que vem sendo desenhado no cenário político nacional nos últimos quinze anos. Antes de mais nada, não vejo possibilidades de união do PT com o PSDB, para deixar claro, de pronto, meu posicionamento nesse debate. Mas considero válido esclarecer certos aspectos das colocações e argumentações que os dois pensadores listaram, para que se entendam as diferenças que tornam tal exercício de imaginação impossível de concretizar-se.

Sob o título "Seria Possível uma Grande Coalizão no Brasil?" (edição 7 desta *Interesse Nacional*), Renato Janine Ribeiro escreve que a oposição mútua entre PT e PSDB trouxe o avanço de relegar a direita brasileira a um papel secundário na disputa presidencial e na formação dos seus governos de coalizão, mas que, na atual conjuntura, os males resultantes dessas coalizões estão levando a classe política a perder credibilidade e evitando a realização de reformas importantes – a principal delas, a política. Com essa avaliação, Ribeiro sustenta a necessidade de uma aliança entre os dois partidos em torno de uma agenda comum a partir de 2011, independentemente de quem venha a sair vencedor das urnas em outubro de 2010. O próprio autor reconhece as dificuldades dessa aliança, mas se equivoca ao considerar que os entraves são cada vez mais de ordem não programática e/ou de concepções não divergentes de país.

Tempos de Planície

Ledo engano. Como as ideias ocultas no artigo de FHC nos revelam, há, sim, fortes divergências programáticas e de concepções entre PT e PSDB, como veremos mais adiante. Por ora, devemos ressaltar que um fator que pode ter criado a quimera concebida por Ribeiro seja a existência de temas sobre os quais os dois partidos se posicionam. Mas isso não é suficiente para identificar uma convergência de propostas e interesses.

Se recuarmos um pouco no tempo, veremos que tal fabulação é assunto recorrente para Ribeiro. Em 2003, ele publicou o texto "PT versus PSDB", na revista lusa *O Mundo em Português*. Tratava antes da distância que se consolidou ao longo dos anos entre os dois partidos, mas vislumbrava como ponto de partida desse distanciamento as eleições de 1994. De fato, a clareza que o passar do tempo nos dá permite enxergar que o DNA dos partidos já era distinto desde as eleições presidenciais de 1989, quando Lula foi ao segundo turno contra Fernando Collor de Mello, e os tucanos, puxados por FHC, hesitaram em um apoio de primeira hora ao então candidato do PT. Podem tentar esconder, mas setores do PSDB cogitaram um flerte com a direita que animava Collor, tendência que o tucanato acabou concretizando e intensificando anos depois.

José Dirceu

Se o embrião das disparidades entre os dois partidos já estava sendo gestado em 1989, Ribeiro tem razão quando aponta a data de cinco anos depois, 1994, como o nascimento do verdadeiro PSDB – até então incubado. Novamente liderado por Fernando Henrique Cardoso, os tucanos guinaram à direita para buscar no Partido da Frente Liberal, aquele mesmo de tantos personagens que adornaram a ditadura no Brasil, os lençóis de seu futuro governo. Mas não foi só. Juntos, a direita e o PSDB importaram e aplicaram o programa neoliberal em solo brasileiro – aí, mais uma divergência de concepção.

Em sua análise dos dois partidos, o filósofo se concentra em identificar no PT a expressão da vertente democrática brasileira, a partir de seu anseio de igualdade, enquanto que o PSDB expressaria a vertente republicana, em forma de busca da universalidade. Mas já nessa ocasião, o autor apontava para o problema de ser o PSDB mais republicano no discurso do que na prática, ao elevar o capital (uma particularidade) ao status universal. Essa elevação se deu justamente na gestão FHC com o programa neoliberal abraçado e incorporado pela aliança com o PFL (ex-PDS, ex-Arena na ditadura, hoje, DEM). Em contrapartida, o Partido dos Trabalhadores seguiu com a busca da igualdade.

Outro artigo de Ribeiro, "Três saídas para a crise", publicado em série no jornal *Valor Econômico*, em 2005, repisa a tese de que o distanciamento entre o PT e o PSDB foi importante para acuar a direita e que esse ciclo estaria terminado. Assim, evoca a "grande coalizão" na Alemanha Ocidental de 1966, quando a direita se aliou ao SPD, para acreditar na possibilidade de uma aliança PT-PSDB. "Não é uma aliança para sempre. O PSDB simpatiza mais com o capital, o PT nasceu do mundo do trabalho", escreveu ele. E, novamente, apresentou uma diferença essencial entre as duas legendas.

O embaixador Rubens Barbosa se inspira nas palavras de Renato Janine Ribeiro, mas também cita o artigo de FHC, que a seu ver ensejou o debate. Ciente de que a aliança imaginária não tem como prosperar, já que "o ideário dos dois partidos tem origens bastante distintas e, sob muitos aspectos, são irreconciliáveis", Barbosa projeta a construção de uma agenda em comum em favor do Brasil para 2011. Cita também a Alemanha, lembrando que lá as coalizões se dão pós-sufrágio, não antes, como aqui. E inclui na agenda os temas da estabilidade da economia, a democracia, os avanços no campo social, a projeção externa do país e as reformas estruturais que "melhorarão a competitividade dos produtos brasileiros e simplificarão a vida do cidadão e das empresas": política, tributária, trabalhista e da previdência social. Barbosa parte do pressuposto de que o novo governo terá pouco tempo para negociar junto ao Congresso Nacional as mudanças necessárias ao avanço do país, forçando-o à composição com outros partidos. Em caso de impasse, há riscos de comprometimento dos avanços realizados até aqui. É nesse contexto que o embaixador propõe uma convergência ("uma trégua") entre PT e PSDB para os cem primeiros dias de governo, para a aprovação de uma agenda mínima na qual os demais partidos agregariam os votos para a formação de maioria qualificada, sem os custos políticos que o atual sistema impõe.

Ocorre que o embaixador apresenta temas importantes para a nova agenda, aos quais podemos agregar, entre outros, o papel do Estado e sua reforma, o papel dos bancos públicos, o crescimento sustentável, o desenvolvimento de novas tecnologias para produção de energia limpa associadas ao aprofundamento das técnicas já qualificadas de obtenção de combustível fóssil, as políticas industrial e de inovação dentro das políticas de fortalecimento da indústria nacional e do mercado interno, a intensificação das ações de distribuição de renda e o incremento da infraestrutura nacional. À luz desse conjunto de temas, fica claro que alguns pressupostos do exercício que Barbosa faz encontram entraves no alto grau de mudança da realidade, de acordo com os ares da política.

A primeira variável intransponível é a que se refere ao exemplo alemão, pois em nosso país o processo de escolha do chefe de governo se dá de forma inversa à germânica.

Tempos de Planície

Além disso, embora ambos sejam Repúblicas Federativas, a Alemanha é parlamentarista, e o Brasil, presidencialista. Aqui, são as alianças formadas antes e ao longo da campanha que irão dar sustentação ao novo governo e, inclusive, permitir que uma candidatura seja sólida durante todo o período eleitoral. Mas o mais relevante é que a lógica das eleições brasileiras pode pôr em xeque o segundo pressuposto de Barbosa, o de que o próximo governo no Brasil irá encontrar dificuldades e pouco tempo para negociar com o Congresso, com risco de impasse e paralisação das reformas. Ora, essa condição só será conhecida depois de transcorrido todo o processo eleitoral, que vai desde a formação das alianças até a abertura das urnas, quando soubermos a nova configuração do Legislativo nacional. Nesse sentido, é perfeitamente possível um cenário no qual a ministra Dilma Rousseff saia vencedora das urnas, com apoio de amplo arco de alianças partidárias – PMDB, PC do B, PSB, PDT, PR – com um programa definido de reformas capaz de intensificar as iniciadas no governo Lula, dispondo de maioria parlamentar e nos estados, formada a partir da eleição de quadros dos partidos que a apoiaram na campanha.

Esse cenário diverso do imaginado pelo embaixador Rubens Barbosa tem sido trabalhado diuturnamente pelas lideranças do PT e, a cada dia, tem conseguido caminhar para

A agenda neoliberal

Como já disse acima, as divergências entre PSDB e PT são inconciliáveis. Para além das razões que pontuei de forma rápida, o nó górdio dessa incompatibilidade de concepções que distancia de maneira definitiva o que pensam e como atuam PT e PSDB pode ser identificado em duas vertentes: o tratamento conferido ao Estado (seu tamanho, seu papel, sua atuação) e o tratamento dado às classes historicamente desfavorecidas.

Considero o texto "Para onde vamos?" de Fernando Henrique Cardoso, publicado no *Estado de S.Paulo* (1º de novembro de 2009), um excelente exemplo dessas divergências. Destaco, primeiramente, que toda a narrativa fernandista é acompanhada de um pouco caso em relação à vontade popular. Assim, a qualidade de Lula que o aproxima do povo (sua capacidade oratória) é criticada. Da mesma forma, a aprovação do governo Lula por sete em cada dez brasileiros é vista como indício de risco autoritário e totalitário. Lembremos que havia grande aprovação na população à ideia de mudar a Constituição para que fosse permitido

Tempos de Planície

um terceiro mandato presidencial (ainda hoje Lula é citado nas pesquisas de intenção de voto para 2010). Mas, democraticamente, em mais uma mostra de respeito às regras do jogo, a mudança constitucional foi descartada. Anos antes, no governo FHC, a Constituição foi alterada para que ele concorresse à reeleição. Se seguirmos o raciocínio do ex-presidente, com o PSDB no poder é que devemos temer tentações atentatórias à democracia.

A par do tom de superioridade acadêmica que empresta à discussão, FHC acaba por tecer não uma crítica, mas um lamento em forma de suposta análise política do governo Lula. Nesse sentido, conduz suas palavras pela opção de elencar os feitos, os avanços e as novas temáticas surgidas no governo Lula, associando-as a uma censura a não se sabe exatamente o quê. Sua formulação é a de que se avizinha a um autoritarismo popular, cuja herança será um subperonismo, formulação que conta com a concordância, manifestada também no jornal O *Estado de S.Paulo*, pelo historiador da USP Carlos Guilherme Motta. Para tentar qualificar sua natimorta tese, menciona, de forma ofensiva, os discursos do presidente Lula, a relação Estado–economia–sociedade, o marco regulatório do pré-sal, a compra de aviões pela Força Aérea Brasileira, a participação estatal na Vale, as viagens de Lula pelo país, a visita do presidente do Irã, a

José Dirceu

existência de grandes obras (Transnordestina, o trem-bala, a Norte-Sul, a transposição do São Francisco e os projetos do Plano de Aceleração do Crescimento), o programa "Minha Casa, Minha Vida", os investimentos em biocombustíveis (cita o biodiesel de mamona e o etanol), os resultados da agricultura familiar e o papel do bndes (Banco Nacional de Desenvolvimento Econômico Social) e dos fundos de pensão. Curioso o tucano não ter incluído em sua lista o Bolsa Família (por que será?).

Sinceramente, FHC parece perdido em meio a tantos temas que hoje fazem parte da pauta nacional por conta dos avanços que o país conquistou nos últimos sete anos. Digo parece porque seu artigo, no fundo, é tentativa vã de buscar uma bandeira, uma marca para uma aliança do PSDB com a direita, que atualmente se encontra sem condições de formular alternativas ao projeto de Brasil que o governo Lula tem implementado. Ciente da proximidade cada vez maior das eleições, FHC dá um salto para tentar romper a "inércia" da oposição e fugir da comparação dos governos do PSDB e do PT. Não por acaso ele concede entrevista a *El País* na qual diz não haver diferença entre as políticas econômicas adotadas em seu governo e as do presidente Lula. Talvez tenha sido essa miragem a responsável pela inspiração de Renato Janine Ribeiro e Rubens Barbosa para enxergar

Tempos de Planície

convergências entre os dois partidos. Mas o que incomoda FHC e o PSDB é que todo o conjunto de medidas e políticas que criticam é resultado de um planejamento que rompeu com a agenda neoliberal para imprimir um viés nacional popular, isso mesmo, e desenvolvimentista, responsável por colocar o Brasil em novo patamar, interna e externamente, e amplificar os anseios populares ao redor do país, atendendo-os de forma estruturada.

Relembremos 1994, quando o PSDB inicia sua fusão com a direita, perceptível na aliança com os descendentes da Arena, que se estendeu por anos e perdura até os dias atuais, e na direção que imprimiram ao chegar à Presidência da República. A concepção que implementaram foi importada do Consenso de Washington, difundido no vácuo da Queda do Muro de Berlim, e prescrevia: privatização das empresas estatais, para diminuição do Estado; ilusão do câmbio fixo na paridade real-dólar; política de juros elevados, atraente ao capital especulativo; aumento da carga tributária (7% do Produto Interno Bruto), para sustentação da irrealidade do câmbio e dos juros; controle inflacionário; terceirização da gestão pública; e corte dos gastos públicos. No campo social, políticas tímidas com caráter compensatório. O receituário foi cumprido à risca e, quando resultou na explosão da dívida pública e do desemprego, além dos choques causados

José Dirceu

pelas crises da Rússia e do México, a saída encontrada foi enxugar ainda mais a máquina, aumentar mais os juros e acentuar a carga tributária (àquela altura o patrimônio do Estado já havia sido dilapidado). Não havia planejamento para a indústria e desenvolvimento tecnológico, mas muito favorecimento ao capital externo nas privatizações. Antes mesmo da crise econômica iniciada em 2008, o modelo já estava desgastado no Brasil.

A bússola do governo Lula

No momento em que o PT e Lula chegaram à Presidência da República, com amplo apoio popular, houve alimentação de incertezas por parte da imprensa junto ao mercado e aos setores empresariais. Começa-se, então, a implementar uma série de políticas públicas completamente diversas das aplicadas na gestão do PSDB, em uma real retomada da agenda desenvolvimentista e do projeto de desenvolvimento nacional, pré-ditadura militar, que deveriam ter sido abraçados pelos tucanos, mas não foram. Na economia, o cuidado teria que ser maior, pois era necessário enfrentar a crise herdada e desfazer, uma a uma, as armadilhas neoliberais introduzidas ano a ano no governo FHC. Mas a existência de um projeto de Brasil sustentou a elaboração de um planejamento que, hoje, todos sabem, tem sido acertado. Um projeto em que o

Tempos de Planície

Estado é recuperado em suas funções mais básicas de gestor e pode, de fato, atuar com firmeza onde é necessário. Como bem expressou Cândido Mendes nesse debate, em seu artigo "Para onde não vamos", publicado na *Folha de S.Paulo*, "o governo Lula reassegurou a presença do Estado para a efetiva mudança da infraestrutura, que pede o desenvolvimento, atrasado durante o progressismo liberal do PSDB".

A partir dessa nova compreensão do Estado, foram trabalhados cuidadosamente inúmeros vetores de desenvolvimento que, associados, permitiram que o Brasil chegasse hoje a uma posição muito melhor do que aquela em que estava ao final do governo do PSDB, tanto no plano nacional como no cenário internacional. A começar pela preocupação com a inclusão social e a distribuição de renda. Se há crítica ao superlativo no governo Lula, é porque em muitos setores não há mesmo grau de comparação com outros governos do passado. O Bolsa Família retirou da linha da miséria mais de 40 milhões de pessoas ("uma Colômbia", frisa Cândido Mendes).

Mas há o "Minha Casa, Minha Vida", o ProUni, o Luz para Todos, o programa de cisternas e o incentivo à agricultura familiar, iniciativas de grande poder de transformação da vida das pessoas mais pobres. Os bancos públicos (Caixa Econômica Federal, Banco do Nordeste e Banco do Brasil) foram fortalecidos para ampliar a oferta de crédito e permitir

José Dirceu

o acesso da população aos mais básicos direitos econômicos. O BNDES foi alçado à condição de maior banco de desenvolvimento das Américas, cujo papel é fundamental para o crescimento sustentável do Brasil, pois atrai a iniciativa privada para projetos de interesse nacional e realiza investimentos de longo prazo (foram R$ 92,2 bilhões investidos na indústria e em infraestrutura em 2008). Essa aliança estratégica do Estado com as empresas foi criticada por FHC em seu artigo, como um sinal de atraso.

Foi feito mais. A infraestrutura brasileira nunca foi tão cuidada como no governo Lula. Obras de grande porte, fundamentais para o crescimento do país sem a formação de gargalos, passaram a figurar na agenda. É o caso da Transnordestina, da transposição do São Francisco e dos projetos do PAC, mas é também o caso de falarmos da Copa do Mundo de 2014 e das Olimpíadas de 2016, os maiores eventos esportivos do globo, capazes de atrair investimentos que resultarão em benefícios permanentes à sociedade.

Os fundos de pensão têm sido importantes e eficientes para estimular a política industrial e a inovação; incrementar as exportações de capital, tecnologia e serviços; financiar o desenvolvimento tecnológico e externo das empresas; garantir energia, petróleo e gás; e retomar a implantação e desenvolvimento de nossa infraestrutura. A economia assiste hoje

Tempos de Planície

a empresas estatais fortes que contribuem para o direcionamento do mercado, pois têm peso. Nesse capítulo, destaque para a Petrobras, que alcançou patamares tecnológicos em grau de excelência, levando à autossuficiência em petróleo e à descoberta de petróleo abaixo da camada de sal. Tal recurso natural deve ser usado de maneira também planejada, para que possamos conduzir o Brasil, de forma definitiva, ao desenvolvimento sustentável.

A legislação do pré-sal prevê a criação de um Fundo Social com parte das riquezas resultantes da exploração desse petróleo e parte desse fundo será destinada à preservação ambiental. Ou seja, montaremos um ciclo virtuoso de exploração desse importante recurso, que se somará a outras metas ambientais já anunciadas, como redução do desmatamento, corte entre 36% e 39% das emissões de dióxido de carbono até 2020 e investimentos em biocombustíveis e em fontes limpas de energia.

Nossos juros estão na casa dos 8% (taxa Selic) e ainda há espaço para reduzi-lo, nossas reservas foram ampliadas consideravelmente, nossa inflação está controlada, começamos a impor barreiras ao capital especulativo, e podemos ampliá-las. Mas a terceirização da gestão pública feita pelo PSDB e o abandono do funcionalismo tornaram imprescindível um esforço com Lula de reorganização dos Ministérios, do restabelecimento dos

José Dirceu

planos de carreira e da atualização salarial acima da inflação, porque a máquina pública havia sido sucateada.

A opção por uma política externa de valorização da relação Sul-Sul, com retomada do Mercosul, do fortalecimento da relação com os países vizinhos e da busca dos organismos e fóruns internacionais (como Organização Mundial do Comércio, por exemplo) para a proteção dos interesses comerciais brasileiros é igualmente aspecto que diferencia o que pensam PSDB e PT. Não fosse essa diferença e o prestígio do Brasil no mundo não teria sido tão ampliado. Nosso país é hoje respeitado internacionalmente e considerado um ator importante para qualquer decisão (um player). Isso muito se deve ao Itamaraty ter acentuado nossa tradição diplomática de receptividade e diálogo. Fossem os tucanos os governantes e não estaríamos abrindo novas portas no mundo, mesmo que sejam com o Irã (que hoje carece de interlocutores para evitar um isolamento e buscar uma saída negociada para seu programa nuclear).

Ora, todo esse conjunto de medidas deixou o Brasil em situação privilegiada para enfrentar a crise econômica de 2008, iniciada justamente por conta de todo o receituário neoliberal seguido por diversas nações, inclusive por nosso país sob a égide do PSDB. Mas a solidez construída ao longo do governo Lula não bastava, pois era preciso dar mais respostas. Então, o país pôde perceber que o enfrentamento de uma crise é mais eficaz quando o Estado tem força e condições para intervir na economia. Foi o que se viu ao redor do mundo, mas principalmente no Brasil. Cortamos juros, estimulamos o consumo, ampliamos significativamente a oferta de crédito e reduzimos alíquotas de cadeias produtivas estratégicas. A resposta não tardou: fomos o último país a entrar e o primeiro a sair da crise, com previsão de crescimento de 1% em 2009 e de 5% em 2010. É nesse contexto que o governo cobrou a Vale, uma das poucas a demitir fortemente durante a crise. Quando o governo sinalizava que o caminho era um, a Vale escolheu a aposta no sentido contrário.

Ora, não é exagero considerar a crise internacional um momento histórico em que partidos divergentes, como o PT e o PSDB, podem e devem buscar agendas em comum. Nesses momentos de crise institucional ou de ruptura, espera-se essa união nacional, como aconteceu na luta contra a ditadura. Mas não aconteceu na crise internacional quando o PSDB se recusou a votar determinadas medidas anticrise propostas pelo governo. Foi graças à atuação do governo e à resposta da população, que seguiu consumindo e aquecendo a economia, que os índices de geração de emprego retornaram ao período pré-crise – em 2010, a previsão é de dois

José Dirceu

milhões de novos postos com carteira assinada, contrastante com o desemprego que marcou o primeiro mandato de FHC e os 800 mil empregos criados nos quatro anos do segundo mandato.

É preciso lembrar que nas reformas política, trabalhista e previdenciária os dois partidos também possuem visões diferentes e buscam objetivos diversos. No caso da reforma política, que devia ser um tema suprapartidário, a conduta do PSDB revelou apego ao atual sistema político-eleitoral que estimula a corrupção, o caixa dois nas eleições, as barganhas por emendas e nomeações, as licitações dirigidas e o desvio de dinheiro público. Já aprovado no Senado, inclusive com o apoio do PSDB, o texto da reforma política foi rejeitado na Câmara dos Deputados porque o PSDB mudou de lado. Sem a reforma política, aliada a outras medidas, não será possível aprimorar a administração pública, adotando melhorias como o voto uninominal, o financiamento público nas campanhas e a fidelidade partidária.

Nesse sentido, não há uma divergência de antemão a uma agenda comum em casos extremos e graves, mas não posso concordar com o diagnóstico de que a não aliança ou não coalizão é consequência da incapacidade das lideranças ou das divergências paulistas de PT e de PSDB, porque ambos nasceram no estado de São Paulo. Porque são as diversas medidas

Tempos de Planície

citadas, seus resultados já colhidos e seus frutos vindouros que nos impedem de concordar com o embaixador Rubens Barbosa e com o filósofo Renato Janine Ribeiro quanto a uma suposta similaridade entre PT e PSDB. Definitivamente, as concepções de Estado, de governo, de políticas socioeconômico-ambientais são divergentes, não convergentes. Tanto é verdade que a ausência de um projeto alternativo transforma os antigos defensores do neoliberalismo em verdadeiras birutas de aeroporto, sem saber para onde o vento sopra. Felizmente, por tudo o que foi dito, do outro lado, a bússola está sendo usada e o avião Brasil está prestes a levantar voo.

Esta obra foi impressa em São Paulo pela Prol Gráfica no
inverno de 2011. No texto foi utilizada a fonte Revival,
em corpo 11, com entrelinha de 19 pontos.